학생들이 무슨 죄가 있겠어!

영문법

김홍 저

비욘드 북스
BEYOND BOOKS

머리말

꽤 오랜 시간동안 학생들에게 영어를 가르쳐왔습니다. 열심히 가르쳤지만 영문법을 가르칠 때면 늘 마음이 편치 않았습니다.

첫째, 저는 영어 구사에 전혀 필요 없는 내용을 가르치고 있었습니다.

문장에서 쓰인 'to go'가 명사적 용법인지 형용사적 용법인지 부사적 용법인지 구별하는 것은 영어 구사에 전혀 필요하진 않습니다. 영문법 책에 나온 대로 현재완료는 '과거의 사건이 현재 영향을 줄 때 쓰는 시제'라고 가르쳤습니다. 하지만 '과거의 사건이 현재 영향을 주니까' 동사를 'have ~ed'로 바꾸면서 말을 한다는 것은 불가능한 일입니다. 영문법 교재의 내용을 그대로 가르치니 그야말로 영어 구사에 전혀 도움이 되지 않는, 아니 오히려 해로운 쓰레기 지식을 가르치게 되었습니다.

둘째, 저는 너무 어려운 내용을 가르치고 있었습니다.

쓸데없이 복잡한 품사, 문장의 성분 구별부터 말도 안 되는 영문법 용어들 설명을 할 때면 학생들 얼굴 보기가 미안했습니다. "시간 조건의 부사절에선 현재가 미래를 대신 한다"는 문법 설명을 하려면 우선 절이 뭔지 가르치고, 그 다음에 부사절이 뭔지를 가르치고 그 다음에 시간과 조건의 부사절이 무엇인지 가르쳤습니다. 마지막으로 영어는 시간과 조건의 부사절에선 현재가 미래를 대신한다는 말도 안 되는 내용을 가르쳤습니다. when(~할 때), if(~라면) 이라는 말은 원래 미래 의미가 내포되어 있기 때문에 우리말도 미래시제를 쓰지 않습니다. 당연한 말을 문법책에서 엄청 중요한 것처럼 포장해서 써 놨기에 저도 할 수없이 가르쳤습니다.

셋째, 너무 비효율적으로 가르치고 있었습니다.

외국어를 배우려면 가장 우선인 것이 어순이고 영문법도 어순이 주를 이뤄야 합니다. 하지만 어순은 등한시하고 완성된 문장을 가지고 품사와 문장 성분만 철저하게 분석하는 그런 영문법을 가르쳤습니다. 그나마 영문법 교재에 등장하는 어순 관련 문법은 '문장의 5형식'입니다. 하지만 이것도 실제 영어 단어를 영어 어순대로 나열하는 법을 가르치는 것이 아니라 이미 완성된 문장을 5개 형식의 카테고리에 어거지로 분류해 넣는 법을 가르쳤습니다. 이런 영문법을 가르쳤으니 아무리 가르쳐도 학생들의 영어실력은 답보할 수밖에 없었습니다.

저도 하소연을 해봅니다. 이렇게 가르친 게 과연 제 잘못이었을까요? 이는 바로 말도 안 되는 문법 설명으로 일관한 일본 영문법 스타일의 우리나라 영문법 교재 때문이었습니다. 그래서 저는 시중에 나온 우리나라 영문법 교재대로 설명을 해 나간다면 내 수업은 어렵고, 비효율적이고, 영어구사에 전혀 도움이 되지 않을 거라는 생각을 했습니다.

저는 서서히 영문법 수업 방식을 바꿔 나갔습니다. 영문법과 우리말을 비교해서 쉽게 설명하는 방법을 찾아보았습니다. 불필요한 문법 용어도 과감히 뺏고 비효율적인 문법 훈련은 버려나갔습니다. 그리고 그 노하우가 쌓이고 쌓여 드디어 이 책이 나오게 되었습니다.

이 책으로 인해 우리나라 영문법 교육이 쉽게 바뀔 거라 보지는 않습니다. 일본식 영문법 교재가 표준으로 굳어버린 우리나라 영문법 교육에 제 책이 얼마나 큰 파장을 일으킬 수 있을지 의문도 듭니다. 무엇보다 이 불합리한 영문법 교육 방식을 고칠 교육부의 과감한 정책이 나왔으면 좋겠습니다. 제가 거기에 작은 힘이 될 수 있다면 크나큰 영광일 것입니다.

그래도 좋은 조짐이 보입니다. 이미 고등학교와 중학교에서는 말도 안 되는 영문법 문제(부정사의 품사 구별 문제, 용법 구별문제)들이 거의 다 사라졌습니다. 적어도 학교 시험을 위해서 이런 영문법을 공부할 필요는 사라지게 된 것입니다. 하지만 아직도 대부분의 학교, 학원 선생님들은 기존의 영문법 교육 방식을 벗어나지 못하고 있습니다. 이제 남은 것은 현장 수업에서 선생님들이 기존의 수업방식을 버리시고 새로운 영문법 수업을 적용할 수 있어야 합니다.

이 책은 시중 영문법 책을 공부하다가 이해가 안 되는 학생들을 위해 쓴 책입니다. 단언컨대 이 책으로 공부하면 복잡했던 영문법이 정말 쉽게 이해 될 것입니다. 무엇보다 영문법을 가르치시는 선생님들이 이 책을 보셨으면 합니다. 이 책에 나온 설명을 참고하셔서 기존 일본식 영문법 책 그대로가 아닌 정말 영어를 할 수 있는 그런 영문법을 가르쳐 주셨으면 합니다.

끝으로 이 책이 나오기에 마지막으로 도움을 준 후배 천병주 님에게 감사드립니다.

2023년 2월 13일
김홍

CONTENTS

Section 1.
어순

CHAPTER 01
목적어와 목적보어의 어순
우리말과 다른 목적어와 보어의 어순 (문장의 5형식) ········ 8

CHAPTER 02
수식어의 어순
관계대명사와 관계부사 ········ 24

CHAPTER 03
문장연결
접속사로 문장 연결하기 ········ 48

CHAPTER 04
어순 예외
독해 어순, 도치, 병렬 ········ 62

Section 2.
동사 변형하기1 (서술어동사 변형)

CHAPTER 05
수의 일치
서술어동사 변화 1 ········ 74

CHAPTER 06
시제
서술어 동사 변화 2 ········ 80

CHAPTER 07
가정법
시제 변화 92

CHAPTER 08
수동태 104

CHAPTER 09
조동사 114

Section 3.
동사 변형하기2 (서술어 아닌 동사 변화)

CHAPTER 10
부정사 128

CHAPTER 11
동명사 144

CHAPTER 12
분사 156

정답 167

Section 1.
어순

Chapter 01__ 어순 1   목적어와 보어의 어순(문장의 5형식)
Chapter 02__ 어순 2   수식어의 어순(관계대명사와 관계부사)
Chapter 03__ 문장연결   접속사로 연결하기
Chapter 04__ 어순 3   어순예외(도치, 병렬)

CHAPTER 01

목적어와 목적보어의 어순

우리말과 다른 목적어와 보어의 어순 (문장의 5형식)

Listen Up!

영어 학습에서 가장 중요한 것은 단어 암기와 어순입니다. 우리는 영문법을 공부할 때 완성된 문장의 품사를 구분하는데 중점을 두고 어순에 대해 별로 신경 쓰지 않습니다. 하지만 어순을 모르고서 영어를 절대 구사할 수 없습니다. 영어의 어순을 배울 때 목적어와 수식어의 위치 두 가지가 가장 중요합니다.

1. 항상 목적어의 위치를 생각하라!

영문법 공부할 때에는 '~을/를'에 해당하는 말(목적어)을 동사 앞에 쓰는지 뒤에 쓰는지를 점검해야 합니다.

우랄·알타이 어족에 속하는 한국어는 목적어를 동사 앞에 씁니다. 하지만 인도·유럽어족에 속하는 영어는 목적어를 동사 뒤에 씁니다. 목적어를 동사 앞에 사용하는 것을 너무나 당연시 해온 우리로서는 목적어를 동사 뒤에 쓰는 것이 상당히 부담스럽습니다. 반대로 인도·유럽어족 언어를 사용하는 사람들은 동사 앞에 목적어를 배치하는 한국어가 무척이나 까다롭게 느껴진다고 합니다.

한 설문 조사에서 영어권 외국인들이 한국어를 배울 때 가장 까다롭게 여긴 이유로 목적어의 위치를 꼽았다고 합니다. 목적어를 정확한 위치에 넣어야 한국어가 되기 때문에 어려워하는 것은 당연한 것입니다. 그런데 놀라운 것은 한국인들이 영어를 배울 때 '목적어의 위치'에 대한 어려움을 인식하지 못한다는 것입니다.

이것이 바로 한국인이 아무리 영어를 배워도 제대로 사용하지 못하는 이유입니다.

관련기사

> **<영미권에서 한국어가 '세상에서 4번째로 어려운 언어'로 꼽혔다>**
> 미국 육아전문 뉴스 웹사이트 서드에이지(Third Age·http://www.thirdage.com/learning/top-5-hardest-languages-to-learn)는 16일 영미 국가 사람들이 '배우기 어려운 언어 5'에서 한국어를 4위에 올렸다. 1위는 아랍어, 2위는 중국어, 3위는 일본어를 들었다.
> **사이트는 영어 사용자가 한국어를 배우기 힘든 이유로 '문장구조와 문법이 다르다'고 강조했다. 주어(S) 동사(V) 목적어(O)가 기본인 영미권 국가 언어와 달리 한국어는 주어-목적어-동사 구조다.**
> 상대적으로 단순한 영어의 동사 변형과 다르게 한국어는 동사 활용이 변화무쌍한 점도 영미권 사람들에게 '어려운 언어'로 받아들여졌다.

나는 너를 사랑해.
나는 사랑해 너를.
→ 한국어는 조사와 동사 변화가 발달해서 어순이 의미 전달에 큰 영향을 주지 않습니다.

I love you.
I you love.
→ 내가 너를 사랑하는 건가요? 나와 네가 사랑을 하는 건가요? 전치사와 동사 변화가 우리말처럼 발달하지 않아서 위치만 바뀌어도 의미 전달이 잘 안됩니다.

목적어 위치 때문에 영어가 어렵다가 말하는 학생을 본 적이 없습니다.
충격적인 사실은 우리나라 영문법 책에 '목적어는 동사 뒤에 둔다'라는 사실을 기술하거나 강조한 책이 거의 없다는 것입니다. 다만 '주어+동사+목적어'의 순서로 된 문장이 3형식이라고 설명한 문법책은 천지에 널려 있지요.

2. 수식어의 위치를 공부하라

두 번째 사항은 명사 수식어의 위치입니다.

한국어는 명사 수식어를 모두 명사 앞에 위치시키지만 영어는 짧은 수식어는 앞에 두고 여러 단어 혹은 문장으로 수식하는 경우에는 명사 뒤에 배치합니다.

> ex) 내가 먹은 빨간 사과는 상했다.

우리말은 '사과'를 수식해주는 '내가 먹은 빨간'이란 말을 '사과' 앞에 위치시켰습니다. 영어에선 어디에 위치할까요?.

> ex) The **red** apple **which I ate** went bad.

빨간(red)이라는 간단한 형용사는 apple 앞에서 수식했지만 '내가 먹은(which I ate)'이라는 긴 수식어는 apple 뒤에 합니다. 모든 수식어를 명사 앞에 쓰는 우리말과 큰 차이를 보이므로 한국인이 영어의 수식어를 마스터 하는 것은 상당히 어렵습니다. 안타깝지만 우리나라 영문법 책은 이 내용을 다루는 책이 단 한 권도 없습니다. 다만 사과는 사물이므로 주격관계대명사 which를 써야 한다는 정말 무의미하고 지독하게 어려운 내용뿐이지요.

수식어의 위치는 다음 단락에서 다루기로 하고 이 단락에서는 목적어의 위치를 먼저 공부하겠습니다. 하지만 영어를 공부하는 여러분의 마음 속엔 항상 목적어와 수식어의 위치를 고민하고 있어야 합니다.

3. 문장의 5형식

영문법에선 목적어와 보어의 유무에 따라 문장을 다섯가지로 나누고 이를 문장의 5형식이라 합니다. 문장의 5형식은 영문법 교재에서 다루고 있는 거의 유일한 어순 관련 문법입니다. 하지만 5형식을 공부해도 영작이 잘 안되는 경우가 많습니다. 이는 동사 뒤에 나오는 목적어의 위치를 강조하지 않고, 수식어는 불필요한 문장 성분으로 처리하기 때문입니다. 문장의 5형식을 공부하더라도 반드시 목적어와 수식어의 위치를 유념하고 있어야 영어를 제대로 구사 할 수 있습니다.

1) 보어란?

영어는 서술어동사의 의미가 부실해서 보충 설명해 주는 말을 붙여주는데 이를 보어라 합니다.

주어를 보충 설명해주면 주격보어, 목적어를 보충 설명해주면 목적격보어라 합니다.

> She became a doctor of the hospital. (주어보어)
> Her mother made her a doctor of the hospital. (목적어보어)

보어도 우리말 어순과는 달리 서술어동사 뒤에 위치합니다. 다음의 문장에서 보어에 대해 알아보겠습니다.

2) 목적어와 보어를 사용하는 영어의 어순

다시 한번 말하지만, 영어는 주어와 서술어동사 뒤에 목적어와 보어를 배치시켜 말을 완성합니다.
우리말은 주어와 서술어동사 사이에 목적어와 보어를 배치시키는 것과는 대조적입니다.

English → 주어 + 서술어동사 + 목적어/보어
Korean → 주어 + 목적어/보어 + 서술어동사

주어와 서술어동사 다음에 목적어와 보어를 배치시키는 방법을 다섯 가지로 분류하여 보통 5형식이라 부릅니다.

1형식 : 주어 + 서술어동사
2형식 : 주어 + 서술어동사 + 보어
3형식 : 주어 + 서술어동사 + 목적어
4형식 : 주어 + 서술어동사 + 간접목적어 + 직접목적어
5형식 : 주어 + 서술어동사 + 목적어 + 목적보어

우리말에서는 서술어동사 앞에 위치합니다. 그러나 영어는 모두 서술어동사 뒤에 배열합니다.

다음은 몇 형식 문장인가요?

I will make you speak English fluently.

정답 "주어 + 서술어동사 + 목적어 + 목적보어"로 이루어진 5형식문장입니다.
→ 흔히 교실에서 이뤄지고 있는 5형식 교습 방법입니다. 이런 방식으로 공부하면 주어진 문장이 몇 형식인지 구분하는 능력은 기를 수 있습니다. 문제는 5형식 어순으로 새로운 문장을 만드는 능력을 기르기엔 부족하다는 것입니다.

다음 우리 문장을 영어 어순으로 배열하시오

난 네가 영어를 유창하기 말할 수 있도록 만들어 주겠다.

→ 주어 + 서술어동사 + 목적어 + 목적보어
→ 난(I) + 만들어 주겠다(will make) + 네가(you) + 영어를 유창하게 말할 수 있도록(to speak English fluently)
영어를 구사하려면 단순히 문장이 몇 형식으로 쓰였는가를 구분하는 법만 배워선 부족합니다.
5형식 어순으로 우리말을 배열하고 거기에 맞추어 영단어를 배열하는 법을 배워야 영어를 할 수 있습니다.

Unit 1 제1어순과 2어순(1형식과 2형식)

1. 제 1어순(1형식:S+V)

주어와 서술어동사만 사용하여 어색하지 않은 문장을 1어순(1형식)이라 합니다.
1형식 문장은 다양한 수식어와 함께 사용됩니다.

All things fall. (모든 것은 떨어진다)

I think, therefore I am. (나는 생각한다, 고로 나는 존재한다)

Will five dollars do? (5달러면 충분 할까?)

At last, his hard work paid. (마침내, 그의 노력은 보답했다)

This book sells well. 이 책은 잘 팔린다.

Every vote counts. (1표라 할지라도 중요하다.)

It does not **do** to dwell on dreams and forget to live. — *J.K. Rowling, Harry Potter and the Sorcerer's Stone*
(꿈에서 머뭇거리다 사는 법을 잊어버리는 것은 좋지 않다)

It does not **matter** how slowly you go so long as you do not stop.

2. 제 2어순 (2형식 : S + V + C)

"~되다, ~이다, ~로 보이다" 등의 의미로 쓰이는 서술어동사들은 의미가 불완전하여 단독으로 사용하면 매우 어색합니다. 따라서 서술어 동사 뒤에 보충 설명하는 말(보어)을 추가하는데 이런 문장을 2어순(2형식)이라 합니다.

Her daughter is a genius. 천재다: is(~다) + a genius(천재)

The balloons are red. 빨갛다: are(~다) + 빨간(red)

→ 특히 형용사와 명사를 서술어처럼 만들어 주는 동사를 be동사라고 합니다.

He became Hulk. (그는 헐크가 되었다)

The coat feels soft. (그 코트는 부드럽게 느껴진다)

She looks honest. (그녀는 정직하게 보인다)

His suggestion sounds good. (그의 제안은 훌륭하게 들린다)

1) 우리말로 해석하면 보어 자리에 부사가 들어갈 것 같아 보이지만 절대로 부사를 써서는 안 됩니다.

그녀는 행복하게 보인다.

She looks happily. (×) / She looks happy. (○)

➡ '행복하게' = 'happily'

Your problems and challenges suddenly seem insignificantly. (×) → insignificant (○)

(당신의 문제와 어려움들이 갑자기 중요치 않게 보인다.)

→ '중요치 않게' = insignificantly

2) look이나 sound 같은 동사 뒤에 명사를 쓰고 싶을 때엔 「look / sound like + 명사」의 형태를 사용합니다. (~처럼 보인다/ ~처럼 들린다, like가 명사를 형용사처럼 만들어주는 역할을 함)

He looks happy. ➡ He **looks like** a happy man.

It sounds good. ➡ It **sounds like** a good idea.

2) 특히 주어의 상태 변화를 설명하는 서술어동사 뒤에 보어가 옵니다. (서술어동사가 '되다/~해지다' 등의 의미로 사용되는 경우)

주어의 상태변화 동사: **become, get, go, grow, run, turn, fall, go** + 명사 or 형용사

Her son became a teacher. (그녀의 아들은 교사가 되었다.)

My dream finally came true. (내 꿈은 마침내 실현되었다.)

The lake is running dry. (그 호수는 말라가고 있다.)

The day is getting dark. (날이 어두워 지고 있다.)

The two boys grew tired. (그 두 소년은 피곤해졌다.)

In autumn, the leaves turn red. (가을에 나뭇잎이 빨갛게 된다.)

4) 특히 감각 관련 동사 뒤에 형용사로 된 보어를 씁니다.

feel, smell, taste, sound, look 등 + 형용사

He feels well today. (○) / well은 형용사로 '컨디션 좋은'

The soup smells good.

The soup smells well. (×)

This orange tastes sour.

This orange tastes sourly. (×)

Unit 2 제3어순과 4어순(3형식과 4형식)

1. 제 3어순 (3형식 : S + V + O)

서술어동사 뒤에 동작의 대상(목적어)을 써주는 문장을 3형식이라 합니다.

1) 자동사와 타동사

동사 뒤에 목적어가 필요한 동사를 타동사라 합니다. 1,2형식처럼 목적어가 필요하지 않는 동사 (1형식, 2형식에서 사용한 동사)를 자동사라 부릅니다. (자동사와 타동사라는 용어는 알아두세요.)

2) 3형식의 형태

일단 해석을 해보아 동사 뒤에 '~을/~를'이라는 말이 필요하면 3형식 문장이라 생각하면 됩니다. 그리고 목적어가 필요하다 생각되면 서술어동사 뒤에 반드시 목적어를 써주어야 합니다. (3형식 문장을 구분하는 것이 중요한 것이 아니라 동사 뒤에 '~을/를'이라는 말이 필요할 것 같으면 반드시 써주는 습관이 중요합니다.)

3) 타동사 중 특정한 전치사가 따라 오는 경우

이때 전치사까지 함께 짝을 지어 외워둡니다. 그리고 영어 독해를 할 때에도 반드시 수반되는 전치사를 찾아보는 습관을 가집니다.

I **informed** him **of** her success. (inform A of B: A에게 B를 알려주다)
→ 영문 독해하다가 'inform'이 보이면 뒷부분에서 'of'를 찾아야 합니다.

A highwayman **robbed** the traveler **of** his money. (rob A of B: A에게 B를 강탈하다)
→ 영문 독해하다가 'rob'이 보이면 뒷부분에서 'of'를 찾아야 합니다.

This edition removed the book of unnecessary explanations. (remove A of B: A에게 B를 제거하다)
The city **supplies** the children **with** free books.
= The city **supplies** free books **for** the children.
   (supply A with B = supply B for A = provide A with B = provide B for A)

Dr. Smith **reminded** me **of** my appointment tomorrow. (remind A of B: A에게 B를 상기시켜주다)
➡ 영문 독해하다가 'remind'가 보이면 뒷부분에서 'of'를 찾아야 합니다.

4) '목적어가 ~을 못하게 하다' 시리즈

keep + O + from ~ing

= prevent + O + from ~ing

= stop + O + from ~ing

= hinder + O + from ~ing

= prohibit + O + from ~ing

cf) keep + O + ~ing = ~이 ~을 계속하게 하다.

→ 특히 keep의 경우 from의 존재 여부에 따라 의미가 정반대로 되니 신경 써서 외워야 합니다.

How can we prevent covid-19 from entering Korea?

Heavy rain prohibited him from going out.

I am sorry for keeping you from drinking the water.

I am sorry for keeping you waiting for me.

5) 타동사인데 자동사인줄 착각하기 쉬운 동사

우리말 해석상 자동사처럼 해석되는 타동사들이 있습니다. 하지만 이 동사들은 자동사가 아니라 타동사이므로 동사 뒤에 전치사를 붙여선 안 됩니다.

He **resembled with** his father.

We **discussed about** the matter.

She **married with** a foreigner.

We **approached to** the city day by day.

She couldn't **reach to** the apple. She was too short.

The children **entered into** the classroom.

암기하기 힘들면 위 동사들을 타동사처럼 '~을/를'을 붙여서 외워보세요.

resemble ~를 닮다, discuss ~를 토의하다. approach ~를 접근하다.

즉, 동사를 암기할 때 의식적으로 ~을/를 이라는 말을 붙여서 외우면 혼동이 안됩니다.

2. 제 4어순 (4형식 : S + V + I.O + D.O)

동사 뒤에 '~에게 ~을/를'이라는 말을 써야 할 때가 있는데 이런 어순을 4형식이라 합니다.
'~에게'에 해당하는 말을 간접목적어라 하고 '~을/를'에 해당하는 말을 직접목적어라 합니다. **우리말과는 달리 '~에게'에 해당하는 말도 목적어로 취급한다는 것이 독특합니다.**
특히 '주다/수여하다'라는 의미를 가진 동사들 뒤에 '~에게 ~를'이라는 말이 오므로 4형식 동사를 '수여동사'라고도 부릅니다. (문법용어 참조만 하세요)

1) 4형식문장 어순

「주어 + 4형식동사(수여동사) + 간접목적어 + 직접목적어」

John asked me a few questions.
He wrote me a long letter.
She sent him a big gift.

4형식 어순은 서술어 동사 뒤에 '~에게'라는 말을 먼저 쓰고 다음에 '을/를'에 해당하는 말을 써야 합니다. (즉, 간접목적어 + 직접목적어 어순으로 써야 합니다.) 직접목적어를 간접목적어 앞에 써서는 안 됩니다.

She asked a question me. (×)
→ She asked me a question.

직접목적어를 간접목적어 앞에 쓸 경우 간접목적어 앞에 '에게'의 의미를 가진 전치사를 붙입니다.('~를 ~에게'라는 어순으로 쓸 경우) 이를 4형식문장이 3형식 문장으로 변형되었다고 하는데 이는 전치사구를 수식어로 보아 문장 성분으로 치지 않기 때문입니다.

She gave me a flower. ➡ She gave a flower **to** me.

Pattern 1.   S + V + I.O. + D.O. ➡ S + V + D.O. + 'to' + I.O.

Mr. Kim has taught us English for 2 years.
→ Mr. Kim has taught English to us for 2 years.

My parents send me tuition every semester.
→ My parents send tuition to me every semester.

4형식을 3형식으로 바꿀 때 가장 많이 쓰는 전치사는 'to'입니다. (이 정도 문법만 알아도 충분합니다.)

Pattern 2.   S + V + I.O. + D.O. ➡ S + V + D.O. + 'for' + I.O.

Mother bought me a new computer.
→ Mother bought a new computer for me.

My grandmother made me a sweater.
→ My grandmother made a sweater for me.

4형식 문장의 동사가 make, buy, cook, get인 경우는 전치사 'for'를 간접목적어 앞에 붙입니다. 주로 중학교 시험에 나오는 내용으로 크게 중요하지 않습니다.

Pattern 3.   S + V + I.O. + D.O. ➡ S + V + D.O. + 'of' + I.O.

She often asks me some annoying questions.
➡ She often asks some annoying questions of me.

4형식 문장의 동사가 ask인 경우는 전치사 'of'를 간접목적어 앞에 붙입니다. 역시 중학교 1,2학년 시험에나 나오는 내용으로 참고만 하세요.

4형식을 3형식을 바꾸는 유형의 문제는 이제 그만 출제해야 합니다. 4형식 어순으로 쓰기도 힘들어 하는 학생들에게 자꾸 이런걸 시켜서 골탕먹이는 이유를 모르겠습니다. 4형식에서 3형식으로 변환할 때 'to'만 붙일 줄 알아도 훌륭한 영어실력인 것입니다. 더 이상 중학교 시험에서 이런 유형의 문제로 아이들을 힘들게 하지 않았으면 합니다.

2) 4형식 동사들

4형식 동사라고 따로 있는 것이 아니라 같은 동사라도 동사 뒤에 어떤 말을 붙이느냐에 따라 3형식, 4형식, 5형식이 될 수도 있습니다.

My grandfather made a kite. ⟶ 3형식
My grandfather made me a kite. ⟶ 4형식: '간접목적어'에게 '직접목적어'를
My grandfather made me a great physician. ⟶ 5형식: '목적어'가 '목적보어'되도록

직접목적어에는 to부정사, that 절 모두 쓸 수 있습니다. 이때 해석에 주의해야 합니다.
My father promised me to buy me an I-pad.
Tell me that you love me.

3) 특히, 다음은 해석에 주의해야 할 4형식 동사들입니다. 보통 '주다'의 의미를 가진 동사를 4형식 동사로 알고 있는데 '~에게 ~를'이라는 말을 붙일 수 있는 말이면 거의 4형식 동사입니다.

The Great Depression caused Americans great pain. ⟶ cause: ~에게 ~을 야기하다.
Her grandfather left her a large fortune. ⟶ leave: ~에게 ~을 남겨주다.
This new machine saves us a lot of time. ⟶ save: ~에게 ~을 덜어주다.
The work cost him his health. ⟶ cost: ~에게 ~을 희생하게 하다.

Unit 3 제 5어순(5형식)

1. 제 5어순 (5형식 : S + V + O + O.C)

'S는 'S가 V하도록' V하다'라는 말을 영어로 옮길 때 보통 다음과 같은 형태를 취합니다.

S + V that S + V

하지만 영어는 **that S + V** 자리에 '목적어 + 목적보어'를 쓰는 경우가 있습니다.

  난 그녀가 더 하루 더 머물렀으면 해.
  I want that **she will stay** one more day. (×)
  I want **her to stay** one more day. (×)

  The accident caused **that we would reconsider** the project. (×)
  The accident caused **us to reconsider** the project. (O)

이렇게 'S가 V하도록'의 부분을 'that S+V' 이렇게 쓰지 않고 '목적어+목적보어'의 형태로 쓰는 문장을 5형식이라 합니다. 5형식은 우리말과 너무 달라서 한국인에게는 매우 어려운 형식입니다.

  난 그녀가 하루 더 머물기를 희망해.
  I want **her to stay** one more day. (O)
  I hope her to stay one more day. (×)

'hope'가 쓰인 문장은 왜 틀렸을까요? 이유는 hope가 5형식 동사가 아니기 때문입니다. 따라서 다음과 같이 바꾸어야 합니다.
  I hope that she will stay one more day. (O)

  ➡ 즉, 'S가 V하도록'의 부분을 'that S+V' 이렇게 쓰지 않고 '목적어+목적보어'의 형태로 쓰는 5형식 동사를 따로 외워야 합니다.

  5형식은 우리말과 차이가 매우 심한 문장으로 영어에서 가장 어려운 어순입니다. 늘 말하지만 우리말과 영어 어순이 어떻게 다른지에 신경을 쓰고 공부하면 쉽게 정복할 수 있습니다.

1) 5형식 문장의 핵 중의 핵

5형식 동사 뒤에 절대 주어와 서술어를 쓰지 않는다.

He advised she must exercise every day. (×)
→ He advised her to exercise every day. (○)

They forced we should leave immediately. (×)
→ They forced us to leave immediately. (○)

She allowed her son went abroad alone. (×)
→ She allowed her son to go abroad alone. (○)

2) 5형식과 3형식 둘 다 가능한 동사도 있습니다.

She thought him to be kind and generous. (○)
She thought that he was kind and generous. (○)
I believe her to be the finest violinist in the world. (○)
I believe that she is the finest violinist in the world. (○)

주로 '생각'과 관련되는 동사들이며 참고만 하세요.

2. 5형식의 여러 가지 형태

특히 목적어를 설명해 주는 목적보어는 총 6가지의 경우가 있어 5형식을 완전히 익히기 어려워 보입니다. 5형식을 정확히 공부하려면 목적보어에 무엇을 써야 할 지 정확히 공부해야 합니다.

A. 목적보어를 명사를 사용하는 5형식

➡ 『주어 + 서술어동사 + 목적어 + 명사 목적보어』

He called his friend "Hong_ku".
People named him Spiderman.
The final game made Zidane a national hero.

B. 목적보어를 형용사를 사용하는 5형식

➡ 『주어 + 서술어동사 + 목적어 + 형용사 목적보어』

I thought him honest.
Keep your hands clean.
I like flaws. I think they make things interesting. — Sarah Dessen, The Truth About Forever
(난 결점들을 사랑한다. 난 그것들이 상황을 재미있게 만들어준다고 생각한다.)

3) 특히 목적보어자리에 부사를 쓰지 않습니다. (목적어는 명사이므로 부사는 명사를 설명해 줄 수 없음.)

I will make you happily. (×) → happy

I found the book easy. (나는 그 책이 쉽다라는 것을 알게 되었다.)

They found the book very interestingly. (×) → interesting

cf) I found the book easily. (나는 그 책을 쉽게 찾았다.)

→ easily가 found라는 동사를 수식해주고 있음. 목적보어가 아니라 동사수식어이므로 easily라는 부사를 사용.

4) 5형식 문장에서 목적어 자리에 'to 부정사'나 'that + S + V'를 쓸 수 없습니다.

I make to take a walk in the evening a rule. (×)

→ I make **it** a rule to take a walk in the evening. (O)

(이때 가짜 목적어 it을 사용합니다.)

We found **it** impossible **that we could pass the test in such a few days.** (가짜 목적어 it을 사용.)

You realize that our mistrust of the future makes **it** hard **to give up the past**. — Chuck Palahniuk, *Survivor*

5) 5형식에서 목적어 자리에 동명사는 쓸 수 있습니다.

Situated at an elevation of 1,350m, the city of Kathmandu, which looks out on the sparkling Himalayas, enjoys a warm climate year-round that makes [living / to live] here pleasant. **(수능기출)**

C. 목적보어를 변형 동사를 사용하는 5형식

5형식 문장에서 목적보어의 자리에 변형 동사(to부정사, ~ing 등등)를 써서 목적어를 설명해 줄 수 있습니다. 앞에서 말한 바와 같이 목적보어 자리의 동사는 절대 서술어동사의 형태(동사에 's/es'를 붙인 경우, 조동사를 붙인 경우, be동사를 사용한 경우 등) 사용해선 안됩니다.

목적보어에 쓰는 변형 동사는 **to부정사, ~ing, 동사원형, ~ed 형태를 사용하며** 이 네 가지 중 어떤 형태로 쓸지는 문장 전체의 **서술어동사의 종류와 목적어에 따라 결정**됩니다.

I **asked** him to help me.

I **made** him help me.

I **saw** him helping(help) an old lady.

→ 문장의 서술어동사가 ask인지(일반 5형식동사), make인지(사역동사), help(지각동사)인지에 따라 목적보어에 쓰는 help의 형태가 달라졌습니다.

① 목적보어에 'to부정사'를 쓰는 경우

→ 문장의 서술어동사가 일반 5형식동사인 경우(상당수의 5형식 문장)

My parents **wanted** me **to stay** during the holidays.
Her father didn't **allow** Jenny **to marry** such a poor man.
The Great Depression **caused** the people **to live** miserably.

다음 동사들은 5형식에서 목적어의 동작을 to부정사로 받습니다. (반드시 외우세요)

force + O + to 부정사 (목적어가 to부정사 하라고 강요하다.)
allow + O + to 부정사 (목적어가 to부정사 하라고 허락하다.)
ask + O + to 부정사 (목적어가 to부정사 하라고 부탁하다.)
advise + O + to 부정사 (목적어가 to부정사 하라고 충고하다.)
get + O + to 부정사 (목적어가 to부정사 하라고 시키다.)
tell + O + to 부정사 (목적어가 to부정사 하라고 말하다.)
require + O + to 부정사 (목적어가 to부정사 하라고 요구하다.)
order + O + to 부정사 (목적어가 to부정사 하라고 명령하다.)
warn + O + to 부정사 (목적어가 to부정사 하라고 경고하다.)
persuade + O + to 부정사 (목적어가 to부정사 하라고 설득하다.)
encourage + O + to 부정사 (목적어가 to부정사 하라고 격려하다.)
permit + O + to 부정사 (목적어가 to부정사 하라고 허락하다.)
enable + O + to 부정사 (목적어가 to부정사 하라고 가능하게 하다.)
cause + O + to 부정사 (목적어가 to부정사하라고 야기하다.)

"If you want your children to be intelligent, read them fairy tales. If you want them to be more intelligent, read them more fairy tales." — Albert Einstein

---

② 목적보어에 '동사원형'을 쓰는 경우 - 문장의 서술어가 사역동사, 지각동사

★★★

사역동사(causative verb)란? : make, have, let, '누가~하도록' '시키다'의 의미를 가지고 있는 동사
('사역(使役)'이라는 말이 한자어로 '일 시키다'라는 의미의 말)

He bought me a brandy and **made** me **drink** it

I **had** him **repair** the radio.

= I **got** him <u>**to repair**</u> the radio.

He **let** me **go** first.

= He **allowed** me **to go** first. → allow는 사역동사가 아니다.

Let me **live** my life the way I want to." — Jimi Hendrix

No one can **make** you **feel** inferior without your consent. — Eleanor Roosevelt, *This is My Story*

"If you want to **make** God **laugh**, tell him about your plans." — Woody Allen

보통 문법책에서 get을 사역동사로 분류하고 사역동사의 예외로 취급합니다. 맞는 이야기이지만 get은 일반 5형식 동사이므로 목적보어에 **to**동사를 사용한다라고 학습하는 것이 훨씬 편합니다.

★★★
지각동사란(perception verb):

feel, see, watch, taste, smell, notice, hear 등 무언가를 인식하는 동사. 영어의 perception이라는 말을 '지각'이라는 말로 번역한 것입니다.

We heard her play the piano every night.

We heard her to play the piano every night. (×)

The couple noticed the thief come in.

She felt a bug crawl up her legs.

③ 목적보어에 '~ing'를 쓰는 경우

→ 문장의 서술어가 지각동사인 경우나 일부 보통 5형식 동사(get, keep, find, leave) 중에서 전체 과정을 다 지켜보는 진행의 의미를 담고 있는 경우

We **watched** the strange guy **coming** into the room.

Have you ever **heard** the wolf **crying** to the blue corn moon? — *Pocahontas, 1995, Walt Disney*

I **saw** you **dancing**.

I'm very sorry to **keep** you **waiting**.

Don't **leave** him **waiting** outside in the rain.

She saw the conductor **to sing** the opera. (○)

→ 그녀는 오페라를 부르기 위하여 지휘자를 보았다.

She saw the conductor **sing** the opera.

→ 그녀는 그 지휘자가 오페라를 부르는 것을 보았다.

(see가 지각동사니 무조건 sing이 옳다고 생각하면 안 됩니다. see 뒤에 "목적어가 목적보어 하는 것을"이라는 의미를 사용할 때에 see가 5형식 지각동사로 쓰인 것이며 이때 목적보어를 동사원형이나 ~ing를 쓰는 것입니다.

They made the robot to help the old. (○)

(그들은 노인들을 돕기 위해 그 로봇을 만들었다.) (5형식 문장이 아님)

→ 사역동사와 지각동사의 목적보어에 무엇을 쓸지 고민하는 일은 5형식 어순의 문장에서만 있는 것입니다.

④ 목적보어에 'p.p.'를 쓰는 경우

➡ 문장의 **서술어동사와는 상관없이** '목적어가 목적보어 당하다'라는 소위 **수동의 의미**가 성립되는 경우.

Ms. Lee **urged** her assignment (to be) **done** by due date.
I can't **make** myself **understood** in French.
They **had** the radio **fixed**.
cf) They **had** her **fix** the radio.
She **had** her car **stolen** in the parking lot.
The boy **saw** his cake **eaten** by his dog.
Life is really simple, but we insist on **making** it **complicated**. (공자)

⑤ 특히 get과 help가 서술어 동사로 오는 경우

앞에서도 언급했듯이 get은 사역동사의 예외로 목적보어에 to동사를 쓴다고 알아두셔도 됩니다. 아니면 편하게 처음부터 get은 사역동사가 아닌 일반 5형식동사로 목적보어를 to부정사를 사용한다고 생각하셔도 됩니다.

The professor **got** his students **to write** the essay.
= The professor **had** his students **write** the essay.

help 는 동사 원형과 'to 부정사' 둘 다 쓸 수 있습니다.

➡ help + O + R = help + O + to R

I helped him to find his things.
= I helped him find his things.

5형식에서 서술어동사에 따른 목적보어 도표 정리

	To + V	V + ~ing	R (동사원형)	p.p. (과거분사)
일반5형식동사(require, ask, allow, advise, want, force, urge, tell, get, 등등 상당수의 5형식 동사)	O	×	×	O
사역동사(make, have, let)	×	×	O	O
지각동사(hear, see, watch, notice, feel 등등)	×	O	O	O
help	O	×	O	O

CHAPTER 02

수식어의 어순

관계대명사와 관계부사

Listen Up!

영문법 공부할 때 반드시 두가지를 생각하라 했습니다. 첫번째는 목적어의 위치인데 우리는 이를 문장의 5형식에서 공부했습니다.

두 번째로 점검할 사항은 **명사를 수식하는 말의 위치입니다.** 영어는 간단한 형용사는 명사 앞에 사용하지만 긴 어구로 수식할 때엔 **명사 뒤에 차곡차곡 붙여 주는 언어**입니다.

1. 한국어의 명사 수식 방식

홍이

잘생긴 **홍이**

음악에 관심이 있는 **홍이**

모두가 좋아하는 **홍이**

→ **한국어는** 명사를 수식할 때 **모두 앞에서 수식**합니다.

2. 영어의 명사 수식 방식

Hong (홍이)

handsome Hong (잘생긴 홍이)

→ 간단한 형용사는 우리말처럼 앞에서 수식합니다.

interested in music Hong (×) 음악에 관심 있는 홍이 ➡ Hong interested in music (○) 음악에 관심 있는 홍이

→ 영어는 **여러 단어로 이루어진 말(구나 절)로 명사를 수식할 경우** 수식어를 명사 **뒤에 배치**합니다.

I like Hong (내가 좋아하는 홍이) (×) / (나는 홍이를 좋아한다.) (○)

I liking Hong (×)

➡ Hong **whom** I like (내가 좋아하는 홍이) (○)

특히 영어는 **명사를 수식하는 연결어미(우리말로 '~하는'에 해당하는 부분)**를 떼어 내어 주어와 동사 앞에 붙여 사용합니다. 이를 관계대명사 혹은 관계부사라 합니다.

수식 연결어미인 관계대명사와 관계부사는 문장의 상황에 따라 who, which, where 등등 매우 복잡하게 사용합니다. 따라서 배우기에 무척 까다롭습니다.

내가 좋아하는 사과   the apple which I like(수식받는 명사가 사람일 경우)

내가 좋아하는 사람들   the people whom I like(수식받는 명사가 사물일 경우)

➡ 수식받는 말이 사람인지 아닌지에 따라 달라짐

Unit 1 관계대명사 who, whose, whom, which

관계대명사란?

'S가 V하는 명사'라는 말을 할 때 영어는 다음의 어순을 취합니다.

『명사 + ~하는 + (주어) + 동사』

이때 명사와 주어 + 동사 사이를 연결해 주는 '~하는'의 의미를 가진 접속사 겸 대명사를 관계대명사라 합니다.

1. 관계대명사의 어순

관계대명사를 쓸 수 있으려면 **수식어로 연결된 우리말을 영어 어순으로 배열**할 수 있어야 합니다. 시중에 나온 영문법 교재는 관계사에서 어순 배열을 다루지 않고 바로 어떤 관계사를 사용하는지부터 설명합니다. 하지만 이래선 객관식 문제만 풀 수 있지 관계사를 이용해 말을 구사하는 것은 불가능합니다.

내가 10년 전에 가르쳤던 학생 → 학생 + ~한 + 내가 10년전에 가르쳤다
the student whom I taught 10 years ago

그녀가 자주 가는 미용실 → 미용실 + ~하는 + 그녀가 자주 간다
the beauty salon which she often visits

다음 우리말을 보기처럼 영어 어순으로 바꾸시오

[보기]　Q.: Mary가 마시는 물
　　　　A: 물 + ~는 + Mary가 마신다

1. 내가 버린 사과 ➡
2. 빨리 뛰는 강아지 ➡
3. 우리 어머니가 좋아하시는 노래 ➡
4. 노란 셔츠를 입은 그 사람 ➡
5. 별에서 온 그대 ➡
6. 우리가 불렀던 그 노래 ➡
7. 내가 사랑하는 그대여 ➡
8. 아버지가 만들어 주신 연 ➡
9. 네가 구입한 새 휴대폰 ➡

→ 관계사는 어순이 가장 중요합니다. 우리말을 영어 어순으로 배열하는 훈련이 안되어 있으면 관계대명사와 관계부사 공부하지 마세요. 어차피 이해 못합니다.

2. 선행사에 따른 관계대명사

관계대명사로 수식받는 명사를 선행사라 합니다. 어떤 선행사를 수식하느냐에 따라 사용하는 관계대명사가 달라집니다.

1) 선행사가 사람일 때 : who, whom, whose, that을 씁니다.

Michael is the student **who(=that)** has a lot of talents.
Michael is the student **whom(=that)** everybody loves.
Don't be afraid of enemies **who** attack you. Be afraid of the friends **who** flatter you. (너를 공격하는 적을 두려워하지 마라. 너를 아첨하는 친구를 두려워해라.) — Dale Carnegie, *How to Win Friends and Influence People*
Michael is the student **whose** ambition is like a huge mountain. (소유격으로 쓰인 경우)

2) 선행사가 사람이 아닌 경우 : which, that, whose를 사용

I bought a dictionary **which(=that)** has a beautiful cover.
I bought the dictionary **which(=that)** my father had recommended.
I bought a dictionary **whose** cover is red.

선행사	관계대명사
사람	who/whom/whose/that
사람이 아닌 경우	which/whose/that
선행사가 없는 경우	what

3. 문장 성분에 따른 관계대명사

관계대명사는 수식하는 절에서 **주어, 목적어, 보어, 소유격** 중 무엇으로 사용되었는지에 따라 변합니다.

1) 주어가 되어 수식하는 관계대명사 (~가 ~하는) - 주격관계대명사

She is the girl **who reads lots of books.**
"That **which** does not kill us makes us stronger." — Friedrich Nietzsche
(우리를 죽이지 못하는 것은 우리를 더 강하게 만들뿐이다.)
He **who** learns but does not think is lost! He **who** thinks but does not learn is in great danger. — Confucius
(배우기만 하고 생각하지 않으면 얻는 것이 없고, 생각만 하고 배우지 않으면 위태롭다.)

주격관계대명사는 뒤에 바로 서술어동사가 나옵니다.
<명사 + 주격관계대명사 + V>

다음 우리 말을 영어 어순대로 바꾼 후에 주격관계대명사를 사용하여 영어로 바꿔 보세요

1. 키가 큰 남자 = 남자 + ~한 + 키가 크다 = the man who is tall.
2. 4계절을 가진 우리나라 = ＿＿＿ + ＿＿＿ + ＿＿＿ = ＿＿＿
3. 옆집 사는 노부부 = ＿＿＿ + ＿＿＿ + ＿＿＿ = ＿＿＿
4. 중국어를 잘하는 나의 친구 = ＿＿＿ + ＿＿＿ + ＿＿＿ = ＿＿＿
5. 지붕에 앉아 있는 고양이 = ＿＿＿ + ＿＿＿ + ＿＿＿ = ＿＿＿
6. 나를 기다리고 있는 내 강아지 = ＿＿＿ + ＿＿＿ + ＿＿＿ = ＿＿＿
7. 크리스마스에 태어난 내 남동생 = ＿＿＿ + ＿＿＿ + ＿＿＿ = ＿＿＿
8. 독일어로 쓰여진 책 = ＿＿＿ + ＿＿＿ + ＿＿＿ = ＿＿＿
9. 불만을 가진 고객들 = ＿＿＿ + ＿＿＿ + ＿＿＿ = ＿＿＿
10. 가구를 파는 상점 = ＿＿＿ + ＿＿＿ + ＿＿＿ = ＿＿＿
11. 별에서 온 그대 = ＿＿＿ + ＿＿＿ + ＿＿＿ = ＿＿＿
12. 빨간 사과를 먹고 있는 Jong-gu = ＿＿＿ + ＿＿＿ + ＿＿＿ = ＿＿＿

★★★

주격관계대명사를 지우고 동사에 '~ing'(분사)를 붙여도 비슷한 의미의 말을 만들 수 있습니다.

노래를 잘하는 소년
The boy **who sings** well is my son.
= The boy singing well is my son.

수영을 잘하는 그 강아지는 우리 선생님 강아지다.
The puppy which swims well is my teacher's.
= The puppy swimming well is my teacher's.

2) 목적어가 되어 수식하는 관계대명사 (~를 ~하는) - 목적격관계대명사

She is the girl **whom** I love so much.

whom은 대명사로서 'the girl'을 지칭하고 있고 수식해주는 절에서 목적어로 사용되었습니다. **love 뒤에 목적어가 나와야 하지만 이 문장에는 빠져 있는 것을 확인할 수 있습니다.** 이렇게 문장의 목적어로 사용된 관계대명사를 목적격관계대명사)라 하며 **정확한 의미는 '~를 ~하는'** 의미가 됩니다.

The cat **which** he lost is running in my backyard.

목적격관계대명사는 수식하는 절에서 목적어로 사용되기 때문에 **관계대명사를 가리면 목적어가 사라집니다. 목적격관계대명사를 써야 할 상황인지를 판단하려면 수식하는 절의 동사 뒤를** 살펴봐야 합니다.

다음 중 옳은 말을 골라 보세요

This is the restaurant (which/where) I met her.

정답 정답은 where입니다. 'I met her'에 목적어 her가 나와 있으므로 위 문장은 목적격관계대명사가 필요 없습니다. 이런 상황에서는 관계부사를 사용합니다. 관계부사는 다음 과에서 설명합니다

The restaurant (which/where) we met is gone.
The restaurant (which/where) we found had good services.

★★★
목적격 관계대명사가 들어간 문장의 어순 (반드시 암기할 것)

유형1. 선행사 + 목적격관계대명사 + **주어 + 타동사서술어**

유형2. 선행사 + 목적격관계대명사 + **주어 + 자동사서술어 + 전치사**

My country **which** I love is Korea. (**타동사의 목적격관계대명사,** which는 동사 love의 목적어)
"Be the change **that** you wish to see in the world." —Mahatma Gandhi
(당신이 세상에서 보고 싶은 변화가 되어라.)

My country **which** I was born **in** is Korea. (**전치사의 목적격관계대명사,** which는 전치사 in의 목적어)
= My country **in which** I was born is Korea. (전치사 'in'은 앞으로 보낼 수 있음)
= My country **where** I was born is Korea. (in which는 한 단어로 where로 바꿀 수 있습니다. 이를 관계부사라 하며 다음 과에서 배우도록 하겠습니다.)

★★★
특히 학습자들은 전치사의 목적격관계대명사를 쓰는 법을 자주 혼동합니다.

This is the chair **which** my father used to **sit**. (×)

위 문장의 경우 sit 뒤에 전치사 on을 추가해야 하며 which는 전치사 on의 목적격 관계대명사입니다.
sit 뒤에 전치사를 넣어야 할지 혼란스러울 경우 sit 뒤에 목적어에 해당할 the chair(관계대명사 which가 가리키는 말)을 넣어서 말을 만들어 보세요.

My father used to sit the chair. (×)
My father used to sit on the chair. (O)
➡ sit the chair처럼 말이 어색한 경우 전치사가 빠져있는 경우가 대부분입니다.

> **다음 우리말을 영어 어순대로 배열하고 나서 영어로 바꿔 보세요**
>
> 13. 내가 싫어했던 잘생긴 남자 = 잘생긴 남자 + ~하는 + 내가 싫어했다
>   = the handsome man whom I hate
> 14. 그녀가 초대한 손님들 = _____ + _____ + _____ =
> 15. 우리가 살았던 집 = _____ + _____ + _____ =
> 16. 내 친구가 잘하는 중국어 = _____ + _____ + _____ =
> 17. 내 고양이가 좋아하는 지붕 = _____ + _____ + _____ =
> 18. 내가 기다리는 내 여자친구 = _____ + _____ + _____ =
> 19. 내 동생이 태어난 크리스마스 = _____ + _____ + _____ =
> 20. 그 책이 사용한 독일어 = _____ + _____ + _____ =
> 21. 고객들이 가지는 불만들 = _____ + _____ + _____ =
> 22. 그 상점이 파는 가구 = _____ + _____ + _____ =

3) 보어로 수식하는 관계대명사 – 보격관계대명사

She didn't become the person **whom** she wanted to be.

위 문장은 be 뒤에 올 보어가 빠져 있으며 whom은 보어 자리에 있었던 the person을 수식합니다. 이처럼 수식하는 절의 보어 자리가 비어 있는 경우 whom을 보격관계대명사라 합니다. 자주 사용되지 않기 때문에 다루는 문법책은 많지 않습니다.

4) 소유격으로 수식하는 관계대명사 (~의 ~하는)

She is the person **whose** hair is black.
She is the person **whose** character I like so much.

소유격관계대명사는 주어나 목적어와 같은 문장 성분이 빠지지 않고 대신 **소유격관계대명사가 수식하는 명사가 반드시 뒤에 나옵니다.** 위 문장에서는 수식받는 명사(선행사) the person의 소유의 의미를 분명하게 하는데 이용되었습니다. 이렇게 선행사의 소유 의미로 사용된 관계대명사를 소유격관계대명사라 하며 **정확한 의미는 '~의 ~하는'으로 해석**하면 됩니다.

The house **whose** roof is red is my uncle's.

소유격관계대명사는 선행사가 사람인지 아닌지에 상관없이 whose를 사용합니다. (which의 소유격이 없어서 who의 소유격을 빌려 사용)

소유격관계대명사도 관계부사처럼 '전치사+관계대명사'로 바꿀 수 있습니다.

The house **whose** roof is red is my uncle's.
= The house of **which** the roof is red is my uncle's.

이 때 사용하는 전치사는 '~의'라는 의미를 가지고 있는 of를 써야 합니다.(whose = of which)

다음 우리말을 영어 어순대로 배열하고 나서 영어로 바꿔 보세요

1. 어머니가 한국인인 Janet = Janet + ~의 ~한 + 어머니가 + 한국인이다
   = Janet whose mother is Korean
2. 목표가 세계 최고의 선수인 Sonny = Sonny + ~의 ~한 + 목표가 + 세계 최고이다
   = Sonny whose goal is the world best
3. 커버가 파란 노트북컴퓨터 = ___ + ___ + ___ + ___ =
4. 꼬리가 짧은 원숭이 = ___ + ___ + ___ + ___ =
5. 꿈이 실현된 연아 = ___ + ___ + ___ + ___ =
6. 성품이 온화한 내 친구 Messie = ___ + ___ + ___ + ___ =
7. 스마트폰이 고장 난 우리 엄마 = ___ + ___ + ___ + ___ =
8. 얼굴이 하얀 소년 = ___ + ___ + ___ + ___ =
9. 왼팔이 오른팔보다 긴 테니스선수 = ___ + ___ + ___ + ___ =
10. 국민이 주인인 나라 = ___ + ___ + ___ + ___ =

소유격관계대명사의 어순 배열은 굉장히 복잡합니다. 반드시 어순을 정복해야 자유자재로 구사할 수 있습니다.

5) 주의해야 할 관계대명사

(1) 삽입절

관계대명사 바로 뒤에 삽입절이 와도 관계대명사의 격에는 아무 영향을 미치지 않습니다.
삽입절은 일반적인 절과는 달리 별 의미 없이 문장에 넣는 절입니다.
(ex: 내 생각에는, 그녀가 말하길, 그들이 주장하는 바에 따르면...) 따라서 삽입절이 있어도 문장의 구성에 전혀 영향을 미치지 않습니다.

삽입절 : S + believe / claim / know / said / think / feel / hope

Jenny is the girl (who/whom) **I believe** will be a great singer someday.

➡ 삽입절 'I believe'는 접속사 없이 문장에 삽입되었습니다. 모든 절은 접속사를 반드시 수반해야 한다는 영문법에 아주 독특한 예외

'I believe'는 문장에서 별 비중 없이 삽입된 말로 이를 지워보면 문장의 구성요소가 또렷하게 보입니다. 위 문장의 경우 우리는 'will be'의 주어가 필요하므로 정답은 'who'입니다.

Rooney (who/whom) I thought was honest betrayed me.

(2) 선행사의 위치

선행사는 관계대명사나 관계부사 앞에서 수식받지만 반드시 관계사 바로 앞에 위치할 필요는 없습니다.

관계사와 선행사가 떨어져 있는 경우도 있습니다.

There is **something** suspicious in his face that I can't trust.
(그의 얼굴엔 내가 신뢰할 수 없는 의심스러운 무언가가 있다.)

The day will surely come when two Koreas will reunite.
(두 코리아가 통일되는 그 날은 반드시 올 것이다.)

(3) 하나의 선행사를 여러 개의 관계사절이 수식

The Je-ju island is the area which my parents like best and where we stayed during the last summer vacation. (제주도는 우리 부모님이 가장 좋아하시고, 우리가 지난 여름 휴가때 머물렀던 곳이다.)

(4) 앞의 내용을 지칭하는 관계대명사

관계대명사 앞에 위치한 절의 내용 일부나, 전체를 받을 때는 관계대명사 which를 사용(중요)

The flight for Bangkok was delayed for another 1 hour, **which** made everybody angry.
(방콕행 비행기가 한시간 더 연장되었다. 근데 그것은 모두를 열받게 했다.)
→ which가 받는 말은 '방콕행 비행기가 한 시간 더 연기되었다는 사실'.

This is beyond us, **which** means that we need your help.
(이것은 우리의 능력을 벗어났다. 그리고 그것은 우리가 당신의 도움을 필요하다는 것을 의미한다.)

Unit 2 관계대명사 that, what

1. 관계대명사 that

1) 관계대명사 that이 쓰이는 경우

→ 특수한 경우와 소유격을 제외한 모든 관계대명사는 that을 대신 쓸 수 있습니다.

The lamp **that** is on the table is my father's. (선행사가 사물)

This is the man **that** I am looking for. (선행사가 사람)

A nation **that** forgets its past has no future. — Winston Churchill (과거를 잊은 나라에겐 미래는 없다.)

How gentle is the rain **that** falls softly on the meadow. — *A lover's concerto*, Sarah Baughn
(목초지에 떨어지는 비는 얼마나 부드러운가!)

2) that이 주로 쓰이는 경우

There are a man and a dog that are waiting for rescue.

→ 선행사가 사람과 동물이 섞이면 반드시 that만 사용

Spiderman is the only hero that everybody loves.

→ 선행사에 'the + 최상급', 'the + 서수', 'the very', 'the only'등이 있으면 관계대명사로 주로 that을 사용합니다. (중요한 내용은 아님)

"Never memorize something **that** you can look up." — Albert Einstein

→ 선행사가 something, anything등이면 that을 주로 사용합니다. (중요한 내용 아님)

3) 관계대명사 that을 쓸 수 없는 경우 (아주 중요)

a. The old people have **two daughters who** became doctors.

b. The old people have **two daughters, who** became doctors.

a 문장은 '그 노부부는 의사가 된 두 딸이 있다'의 의미입니다. (딸이 여러 명 있을 수 있음)
b 문장은 '그 노 부부는 딸이 둘 있는데 그 두 딸은 의사가 되었다. (딸이 두 명)

a 문장처럼 콤마 없이 '~하는'이라는 의미로 수식해주는 경우를 한정적(제한적) 용법이라고 합니다. b 문장처럼 앞에 콤마를 사용하여 '근데 그 사람은, 근데 그것을, 근데 거기에서'라는 의미로 설명을 해주는 경우를 계속적 용법이라고 합니다. (문법 용어는 중요치 않고 콤마에 따른 의미를 정확히 기억해 둘 것)

August 15th is the unforgettable day **when** Korea was set free. (~하는)
(8월 15일은 한국이 해방된 잊을 수 없는 날이다.)

August 15th is the unforgettable day, **when** Korea was set free. (근데 그날은)
(8월 15일은 잊을 수 없는 날이다. 근데 그 때 한국이 해방되었다.)

영문을 독해를 할 때 이제 우리는 명사 다음에 'who, whom, which, when, where, why'등이 콤마 없이 따라 나오면 '~하는 명사라고 해석하면 됩니다. 하지만 명사 다음에 콤마가 나오고 관계대명사나 관계부사가 나오면 다음과 같이 해석하면 됩니다.

who 근데 그사람이 / whom 근데 그 사람을 / which 근데 그것이, 근데 그것을 / when 근데 그 때 / where 근데 거기서

관계대명사 that은 '근데 그것은, 근데 그것을'이라는 뜻이 없습니다. 따라서 관계대명사 that은 앞에 콤마를 사용하는 계속적 용법으로 쓰일 수 없습니다.

The artist made very few **works, that** made him very famous. (×)
→ 관계대명사 that은 계속적 용법으로 사용 불가

하지만 관계대명사 that앞에 삽입어구가 들어가는 경우가 있습니다. 따라서 무조건 that 앞에 콤마가 있으면 틀린 지문으로 고르라는 말은 굉장히 위험합니다.

"Yesterday is history, tomorrow is a mystery, today is a gift of God, **which** is why we call it the present."
— Bil Keane (Kung Fu panda 의 삽입대사) 어제는 역사고, 내일은 미스테리고, 오늘은 신의 선물이다. 근데 그것이 바로 우리가 오늘을 선물(present는 선물과 현재라는 두가지 의미를 동시에 가짐)이라고 부르는 이유다.

다음 문장은 옳은가요?

The ultimate life force lies in tiny cellular factories of energy, called mitochondria, that burn nearlyall the oxygen we breathein.

2014학년도 수능 영어영어 B형에 3점짜리로 나왔던 문제입니다. 밑줄 친 that은 맞게 쓰였나요?

정답 정답은 '옳게 쓰였다'입니다. 관계대명사 that앞에 콤마가 있긴 하지만 삽입어구 'called mitochondria'를 넣기 위해 사용된 경우이며 관계대명사 that은 factories를 수식하고 있습니다. 많은 학생들이 that 앞에 콤마가 있는 것을 보고 바로 틀린 지문으로 골랐습니다. 수능 같은 큰 시험은 얕은 요령이 잘 통하지 않습니다.

★★★
관계대명사 that 앞에 전치사를 붙일 수는 없습니다.

This is the house **in which** I was born. (O)
This is the house **in that** I was born. (×)
➡ 관계대명사 that 앞에 전치사 사용 불가

Today's topic is the environmental issue **about which** we have always talked.

= Today's topic is the environmental issue **which** we have always talked **about**. (O)

Today's topic is the environmental issue **about that** we have always talked. (×)

cf) He seems to love her in that he always smiles at her. (O)

(그가 그녀에게 늘 미소 짓는다는 점에서 볼 때, 그는 그녀를 사랑하는 것처럼 보인다.)

➡ in that은 '~라는 점에서'라는 뜻의 접속사로 쓰입니다. 이 경우는 관계대명사로 쓰이지 않았습니다. 'in that'이 '~라는 점에서'라는 의미의 접속사인지는 해석을 통해 판단해야 합니다.

2. 선행사를 포함하고 있는 관계대명사 What

1) what의 의미

① 무엇 : What do you do? ➡ 의문대명사

② 무슨 : What color do you like? ➡ 의문형용사

③ ~라는 것 : What he said is ridiculous. ➡ 관계대명사

관계대명사는 보통 '~하는'이라고 해석하지만 관계대명사 **what**은 **'~하는 것'**이라고 해석 합니다. 즉, what 안에는 **'것'이라는 수식해 줄 명사(선행사)의 뜻도 함께 들어가** 있어서 what을 **선행사를 포함하고 있는 관계대명사**라 합니다.

That is **what** she believed. (그것이 그녀가 믿었던 것이다.)

Life isn't always **what** one likes. – 영화 – *Roman Holiday*, 1953 (로마의 휴일)

(삶이란 것이 자기 뜻대로 되는 것은 아니죠.)

2) 관계대명사 what은 '~라는(which) 것(the thing)'이라는 뜻이므로 'the thing which(혹은 the thing that)로 바꿀 수 있습니다.

what = ~하는(라는) + 것 = which(~하는) + the thing(것) = the thing which

I don't understand **the thing which(=what)** you said.

3) 관계대명사 what때문에 사라진 두 가지

① what은 선행사('것) 뜻을 포함하고 있기 때문에 **what** 앞에는 **선행사가 없습니다.**

➡ 해석상 '것'에 해당하는 부분

He got (what앞에 선행사 없음, what이 선행사 역할도 함) what he wanted.

② what은 관계대명사이기 때문에 주격관계대명사이거나 목적격관계대명사로 사용됩니다. 따라서 what이 포함된 절에서 what 뒤에는 주어나 목적어(혹은 보어)가 빠져있습니다. → 주어가 빠져 있으면 what은 주격관계대명사로 목적어가 빠져 있으면 what은 목적격관계대명사로 쓰인 경우입니다.

He got what he wanted □. (what뒤에 목적어가 없음, what이 목적격관계대명사)

즉 관계대명사 what은

① 앞에는 선행사가 없고 뒤에는 주어가 없거나
② 앞에는 선행사가 없고 뒤에는 목적어가 없습니다.

➡ 항상 문장 성분 두 가지가 없습니다.

He just produced (what/which) was in him.

That's (what/which) you get for being idle.

That is (what/that) we want to know.

→ 선행사가 없고 know의 목적어가 없으므로 what이 정답입니다.

It is true (what/that) she loves me.

→ 선행사는 없지만 뒷문장이 주어나 목적어가 빠지지 않았으므로 관계대명사가 불필요. that이 정답, that은 '~라는 사실'이라는 뜻으로 사용된 명사절 접속사

Here is a fish (what/that) I caught this morning.

→ 선행사가 있으므로 that이 정답, that은 '~라는'의 의미를 가진 관계대명사

That it will never come again is **what** makes life so sweet." — Emily Dickinson
그것이 다시 돌아오지는 않을 것이라는 사실이 삶을 달콤하게 해주는 것이다.

Maybe everyone can live beyond what they're capable of. — Markus Zusak, *I Am the Messenger*
(아마 모든 사람들은 자신이 할수 있는 것을 능가하여 살아갈 수 있을 것이다)

Unit 3　전치사와 관계대명사
　　　　수량표현과 관계대명사
　　　　관계대명사의 생략
　　　　주격관계대명사와 동사의 일치

1. 전치사와 관계대명사

관계대명사 앞에 전치사를 넣어 **관계대명사의 의미를 풍부하게** 해 줄 수 있습니다.

> **ex)** in which ~에서 ~하는 / for which ~를 위해 ~하는 / to whom ~에게 ~하는

This is the house. Lincoln was born in the house.
→ This is the house **and** Lincoln was born **in the house**.
→ This is the house **and** Lincoln was born in it.
→ This is the house **which** Lincoln was born in.
→ This is the house **in which** Lincoln was born.
→ This is the house **in that** Lincoln was born. (×)
→ This is the house **where** Lincoln was born.

위의 경우에 in which를 한 단어 where로 바꾸었는데 이를 관계부사라고 합니다

"Love is that condition **in which** the happiness of another person is essential to your own."
― Robert A. Heinlein, *Stranger in a Strange Land*
(사랑은 다른 사람의 행복이 당신의 행복에 필수적인 바로 그런 상태를 말한다.)

2. 수량표현 + 관계대명사

관계대명사 앞에 수를 나타내는 말을 붙여 숫자 의미를 넣어줄 수 있습니다.

The committee has 10 members, **who** graduated from Harvard law school. (=and they)
The committee has 10 members, **all of whom** graduated from Harvard law school. (=and all of them)
The committee has 10 members, **some of whom** graduated from Harvard law school. (=and some of them)
The committee has 10 members, **half of whom** graduated from Harvard law school. (=and half of them)
The committee has 10 members, **many of whom** graduated from Harvard law school. (=and half of them)
The committee has 10 members, **none of whom** graduated from Harvard law school. (=and none of them)
The committee has 10 members, **three of whom** graduated from Harvard law school. (=and three of them)

➡ 관계대명사는 선행사를 가리키는 대명사이므로 그 대명사 앞에 수량을 붙인다고 생각할 것!

3. 관계대명사의 생략

1) 목적격관계대명사는 생략할 수 있습니다.

The woman (whom) I met on a blind date was a teacher.

➡ 타동사 met의 목적어

Rooney has no friend (whom) he can lean on.

➡ 전치사 on의 목적어

Rooney has no friend on he can lean. (×)

➡ 전치사를 앞으로 보내는 경우 생략 불가

★★★
『명사 + S + V』의 구조로 이뤄져 있다면 'S가 V하는 명사'라고 해석합니다.

➡ 목적관계대명사가 생략된 구조 (영문을 독해할 때 매우 중요한 문법이니 꼭 숙지할 것)

the book I read (내가 읽은 책)

the house she lives in (그녀가 사는 집)

the sweater my grandmother made (할머니가 만들어 주신 스웨터)

> **Q**uiz 다음을 우리말로 번역하시오
>
> chicken I ate : _____
>
> you I rely on : _____
>
> the man everybody respects : _____

2) 「주격관계대명사 + be동사」의 생략

The manager (who was) responsible for the accident resigned.

The students (who are) standing in front of the car are waiting for the movie star.

The people (who were) injured in the accident were yelling for help.

「명사 + 형용사(~ing, ~ed)」의 형태는 명사와 형용사 사이에 「주격관계대명사 + be동사」가 생략된 말입니다.

4. 주격관계대명사와 서술어동사의 일치(중요)

관계대명사는 단수 명사와 복수 명사를 구별해서 가리키지 않습니다. 따라서 관계대명사가 주어로 사용되었을 때 동사를 단수를 쓸지 복수를 쓸지(혹은 능동을 쓸지 수동을 쓸지)는 관계대명사가 수식해주는 명사(선행사)를 보고 판단해야 합니다.

1) 선행사가 단수이면 단수동사를 써야 합니다.

➡ 주격관계대명사의 수의 일치

These are the **students** that sing well. ⟶ 선행사가 복수라서 'sing'을 사용

This is **the boy** that sings well. ⟶ 선행사가 단수라서 'sings'를 사용

She is my real mentor who (have/has) taught me how to behave.
(그녀는 내가 올바르게 처신하는 법을 가르쳐주신 나의 진정한 스승이십니다.)

The number of workers who (go/goes) on strike for higher wage is increasing.
(임금 인상을 위해 파업한 노동자들의 수는 증가하고 있다.)

2) 선행사가 동사와 수동관계이면 수동형 동사로 써야 합니다.

The book which **reads** the most by Korean students is mathematics textbook, Jung-suk. (×) ⟶ is read

There are many mountains, the tops of which **cover** with snow all the year round. (×) ⟶ are covered with

Unit 4 관계부사

1. 관계부사의 정의

앞에서 관계대명사 앞에 전치사를 사용해서 의미를 풍부하게 해 줄 수 있다고 배웠습니다.

① This is the lesson **to which** every student should pay attention. (~에게 ~하는)
  (이것은 모든 학생들이 집중해야 하는 수업이다.)

② This is the moment **at which** I gave up all my doubts. (~때에 ~하는)
  (이 때가 내가 모든 의심을 포기했던 순간이다.)

③ This is the place **to which** I have been three times. (~로 ~하는)
  (이 곳이 내가 세 번 가본적 있는 장소다.)

④ This is the reason **for which** I gave up all my doubts. (~때문에 ~하는)
  (이 것이 내가 모든 의심을 포기했던 이유다.)

⑤ This is the way **in which** I gave up all my doubts. (~방식으로 ~하는)
  (이 것이 내가 모든 의심을 포기했던 방식이다.)

특히 '**전치사 + 관계대명사**'가 앞에 시간, 장소, 이유, 방식의 네 가지 경우를 수식할 경우에 각각 when, where, why, how 로 바꿔 쓸 수 있습니다. 이 네 가지 말을 관계부사라고 합니다.

위의 ①의 예문의 경우 'to which'는 선행사가 'lesson'이므로 관계부사로 바꿀 수 없습니다. 하지만 ②③④⑤ 문장의 경우 선행사가 시간, 장소, 이유, 방식이므로 각각 when, where, why, how의 관계부사로 바꿔 쓸 수 있습니다.

관계부사도 **관계대명사와 동일한 어순**을 취하여 앞에 있는 명사를 수식해 줍니다.

2. 관계부사의 종류

1) 장소의 전치사 의미가 추가된 관계부사 where

I cannot forget the town **in which** I spent my childhood.
= I cannot forget the town **where** I spent my childhood. (나는 내가 어린 시절을 보낸 마을을 잊을 수 없다)

The round table was the beginning of the British democracy **where** there was no distinction between the king and his knights. (원형 테이블은 왕과 기사 사이에 어떠한 차별도 없는 영국 민주주의의 시작이었다.)

관계부사 where는 물리적인 공간뿐 아니라 **democracy처럼 추상적 공간도 수식이 가능**합니다.

2) 시간의 전치사 의미가 추가된 관계부사 when

The day **when** you were born was the happiest day in my life. (=on which/ ~에 ~하는)
(네가 태어난 날이 내 인생에서 가장 행복한 날이었단다.)

There will never be a day **when** I won't think of you. — Think of me – *Phantom of the opera*
(당신을 생각하지 않는 날은 단 하루도 없을거에요.)

3) 이유의 전치사 의미가 추가된 관계부사 why

I want to know the reason **why** she hates me. (=for which/~ 때문에 ~하는)
I want to know the reason **why** you took my cell phone. (=for which)

4) 방법(방식)의 의미가 추가된 관계부사 how

I love you just **the way** you are. (=in which/ ~으로 ~하는) (난 당신 있는 그대로를 사랑합니다.)

3. 관계부사와 관계대명사의 차이점

This is the house **which** she lived **in**.
= This is the house **in which** she lived.
= This is the house **where** she lived.

위 예문에서 알 수 있듯이 **관계부사는 '전치사 + 관계대명사'를 한 단어로 부르는 말입니다.** (위 문장의 경우 where = in which)

일반 관계대명사는 '~하는, ~라는'이라고 해석합니다. 하지만 관계부사는 '~에서 ~하는, ~에 ~하는'이라는 관계대명사에 전치사의 의미가 추가시켜 해석합니다. 즉, 관계대명사에 전치사의 의미가 추가된 말을 관계부사라 합니다. 모든 "전치사+관계대명사"를 다 관계부사로 쓸 수 있는 것이 아니라 장소/시간/방식/이유 총 4가지 전치사의 의미만 관계부사로 바꿀 수 있습니다.

1) 관계대명사와 관계부사의 구별 (매우 중요함)

관계대명사의 선행사는 모든 명사가 가능 하지만 관계부사의 선행사는 시간, 장소, 이유, 방법(방식)의 네 가지만 있습니다. 따라서 시간, 장소, 이유, 방법의 선행사가 오면 관계대명사, 관계부사 모두 사용할 수 있습니다.

흔히 관계부사를 설명할 때 선행사가 장소이면 where, 시간이면 when, 방법이면 how, 이유이면 why를 써야한다고 가르칩니다. 하지만 이런 식의 설명은 관계대명사와 관계부사의 구별 문제에서 혼란을 초래하게 됩니다.

This is the place (which/where) Captain Sparrow hid his treasure in.
(여기가 캡틴 스패로우가 그의 보물을 숨긴곳이다)

위 예문의 경우 place가 장소이니까 where를 정답으로 고르는 학생들이 많습니다. 선행사가 위 문장의 경우 문장 끝의 전치사 in의 목적어가 빠져 있으므로 우린 목적격관계대명사 which가 필요합니다.

① 형용사절에서 동사의 **주어가 빠져 있으면 주격관계대명사를 사용**해야 하며 관계부사를 쓸 수 없습니다.
   The hotel (which / where) **commands** a fine view is near my office. (전망이 좋은 호텔이 내 사무실 근처에 있다.)
   → commands의 주어가 빠진 경우

② 형용사절에서 **타동사의 목적어가 빠져 있으면 목적격관계대명사를 사용**해야 하며 관계부사를 쓸 수 없습니다.

③ The hotel (which / where) you recommended is too far from the airport.

(너가 추천해준 호텔은 공항에서 너무 멀다)

→ 타동사 recommended의 목적어가 빠진 경우

④ **전치사의 목적어가 빠진 경우 목적격관계대명사를 사용**해야 하며 관계부사를 쓸 수 없습니다.

The hotel (which / where) I stayed **in** during my vacation is near my office.

(내가 휴가때 머문 호텔은 내 사무실 근처다)

→ 전치사 in의 목적어가 빠진 경우

The hotel (which, where) **I** stayed during my vacation was Hilton Hotel.

(휴가때 내가 머문 호텔은 힐튼호텔이다.)

→ 주어가 있다. 목적어가 없는 1형식 문장이므로 목적어가 없다.

The hotel (which, where) **we** threw **my grandfather's birthday party** was Hilton Hotel.

(할아버지의 생신 잔치를 벌인 호텔은 힐튼호텔이다)

→ 3형식 문장이므로 주어와 목적어가 모두 있다.

2) 선행사에 따른 관계부사 정리

선행사	관계부사	전치사 +관계대명사
시간(time, day, week, year)	when	at which, in which, on which
장소(place, country, house)	where	at which, to which, in which
이유(reason)	why	for which
방법(the way)	how	in which

3) 관계부사를 '전치사 + 관계대명사'로 전환하기

관계대명사 앞에 붙이는 전치사는 의미에 맞게 붙여주면 됩니다.

The day **when** I was born is April 19th.

= The day is April 19th **and** I was born **on the day**.

= The day is April 19th **which** I was born **on**.

= The day is April 19th **on which** I was born.

관계부사 how를 in which로 바꾸는 이유는 in에 '~으로'라는 의미가 있기 때문입니다.

France is the beautiful country **where** we have been ten times. (=to which)

=France is the beautiful country **and** we have been **to the country** ten times.

=France is the beautiful country **which** we have been **to** ten times.

=France is the beautiful country **to which** we have been ten times.

> **QUIZ!**
>
> **다음 우리말을 관계대명사와 관계부사 두 가지를 이용하여 영어로 옮기시오**
>
> 1. 우리 할머니가 사시는 집
> ① _____ ② _____
>
> 2. 그가 거짓말을 한 이유
> ① _____ ② _____
>
> 3. 우리 가족이 먹었던 식당
> ① _____ ② _____
>
> 4. 그녀가 그를 만난 날
> ① _____ ② _____
>
> 5. 낚시를 하는 방법
> ① _____ ② _____

4) 관계부사의 생략

관계부사 when, where, why는 선행사와 관계부사를 모두 쓰거나 둘 중 하나를 생략해도 됩니다. 의미가 반복되어 굳이 두 번 쓸 필요가 없기 때문입니다.

그러나 관계부사 how의 경우 the way, the way that, how 셋 중 하나만 써야 합니다. (아주 가끔 학교시험에 나오는 문제)

The day (when) we arrived was a holiday. (우리가 도착한 날은 휴일이었다.)

We came to the town, where we had lunch. (우리는 그 도시에 도착해서 거기서 점심을 먹었다.)

The reasons (why) they help us are various. (그들이 우리를 돕는 이유는 다양하다.)

"For every minute (when) you are angry, you lose sixty seconds of happiness." — Ralph Waldo Emerson
(당신이 화를 내는 매 분마다, 당신은 행복한 순간의 60초를 잃어버리게 된다.)

This is the way he smiled at me.
= This is the way that he smiled at me.
= This is how he smiled at me. (이것이 그가 내게 미소 짓는 방식이다. (그는 내게 이런 식으로 미소 지었다.))
This is the way how he smiled at me. (×)
the way 또는 how 둘 중 하나만 써야한다.

Unit 5 복합관계대명사, 복합관계부사, 동격

1. 복합관계대명사와 복합관계부사

관계대명사와 관계부사에 '-ever'를 붙여서 '~든지', '~하더라도'의 의미를 만들 수 있습니다. 이를 복합관계대명사 복합관계부사라 합니다. (관계대명사 뒤에 ever를 붙이면 복합관계대명사, 관계부사 뒤에 ever를 붙이면 복합관계부사라 함. 문법용어가 지나치게 어려우니 용어는 신경 쓰지 말고 이 말들의 의미만 알아 둘 것)

Whatever	anything that (~하는 것은 무엇이나)	no matter what (무엇을 ~한다 할지라도)
Whoever	anyone who(~하는 사람은 누구나)	no matter who (누가 ~한다 할지라도)
Whomever	anyone whom (~하는 사람은 누구에게나)	no matter whom (누구를 ~한다 할지라도)
Whichever	anything that (~하는 것은 어느 것이나)	no matter which (어느 것을 ~한다 할지라도)
However	no matter how (아무리 ~해도)	
Wherever	at any place where (~하는 곳이면 어디든지)	no matter where (어디서 ~해도)
Whenever	at any time when(~할 때는 언제나)	no matter when (언제 ~하더라도)

"Whatever you are, be a good one." — Abraham Lincoln (당신이 무엇이든지간에, 좋은 사람이 되어라.)
Whoever comes is welcome. (오는 사람이 누구든지 간에 환영받는다.)
Ask whomever you meet. (당신이 만나는 사람 누구에게나 물어보세요.)
Buy whichever you like. (너가 좋아하는 것이면 어느 것이라도 사라.)
"**Whenever** you find yourself on the side of the majority, it is time to pause and reflect." — Mark Twain
(다수 편에 서 있는 당신을 발견할때마다, 멈추고 반성해보아야 할 때이다.)

2. 동격으로 수식, 설명

1) 동격의 콤마(추가설명의 콤마)

영어는 어떤 말을 추가적으로 설명하고 싶을 때, 명사 뒤에 콤마를 쓰고 설명을 덧붙입니다.

Kim Hong, my English teacher, runs a private language school.

이처럼 앞에 나온 명사를 추가 설명하려면 콤마 쓰고 내용 쓰고 콤마로 닫으면 됩니다. 이를 문법용어로 동격의 콤마라 합니다. 문법 시험에서 잘 출제되진 않지만 독해와 영작할 때 콤마는 매우 중요합니다.

> cf) 나열할 때 사용하는 콤마
> The fruits that I like are apple, pear, grape, **and** peach.
> → 나열할 때엔 콤마만 사용하지 않고 반드시 등위접속사를 함께 사용

2) 동격의 that

동격의 that도 '~하는'이라는 의미로 수식하는 말을 연결해 줍니다. 다만 관계대명사나 관계부사와는 약간 쓰임이 다릅니다.

the fact / the idea / the opinion / the problem / the question / the news + **that** + S + V

The belief **that** the world is round was not strange to Columbus.
(지구는 둥글다는 믿음은 콜럼버스에겐 낯설지 않았다.)

The opinion **that** every human being was born with God-given rights was surprising in those days.
(모든 인간은 신으로 부터 받은 인권을 가지고 있다는 의견은 그 당시 매우 놀라운 것이었다.)

★★★
동격의 that은 관계대명사의 that과는 달리 뒤에 주어나 목적어가 비어 있지 않습니다. 이 것이 관계대명사와 다른 점입니다.

3. 헷갈리는 that의 구별

(고등학교 시험에 정말 많이 나옵니다. 반드시 숙지할 것)

1) 저것, 저 사람 (지시대명사)

That is my father.
That is puppy, Art.
Those are my students. (저 사람들, 복수는 those사용)

2) 저 (지시형용사, 명사를 수식해 준다 해서 형용사라 함)

That boy is my son.
That cat belongs to her.

3) 그렇게나, 매우 (부사)

The difference between success and failure is not **that** great. (성공과 실패의 차이는 그렇게 크지 않다.)
(that이 뒤에 나온 형용사 great을 수식한다고 해서 부사라 함, 수능에도 출제된 적 있음)
I can't walk **that** far. (나는 그렇게 멀리 걸을 수 없다.)

4) 명사절접속사 that (~라는 사실, ~라는 것 / that앞에 수식받는 명사가 없는 경우)

that이 문장 앞에 쓰이거나 동사 뒤에 쓰인 경우 '~라는 것, ~라는 사실'로 해석 됩니다. 문장에서 명사가 들어가는 자리(주어, 목적어, 보어 자리)에 들어간다 해서 이를 명사절접속사라 부릅니다.

That + S + V + V → that절이 주어 자리에 오는 경우
That he survived the earthquake is miracle. (그가 지진에서 살아남았다라는 사실은 기적이다.)

S + V + *that* + S + V → that절이 목적어나 보어 자리에 오는 경우

I know **that he is a very sincere man**. (나는 그가 성실한 사람이라는 사실을 안다.)

5) 관계대명사 that (~하는 / that앞에 수식받는 명사가 있고 뒤에 주어나 목적어가 없음)

명사 + that + 불완전한 문장(주어나 목적어가 없음)」

➡ 뒤에 주어가 빠져있으면 that이 주격관계대명사 / 목적어가 빠져 있으면 that이 목적격관계대명사)

- **ex)** the house **that** I was born in
- **ex)** the person **that** has moustache

6) 동격의 that (~하는 / that 앞에 수식받는 명사 있고, 뒤에 주어나 목적어가 빠지지 않은 완전한 문장)

Have you heard the rumor **that** the actor doesn't come from the academy?
(당신은 그 배우가 그 아카데미 출신이 아니라는 소문을 들은적 있습니까?)

→ that앞에 수식받는 명사가 있고 that 뒤에 빠진 주어나 목적어가 없다

7) 관계부사의 that

명사 + that + 완전한 문장 (주어나 목적어가 제대로 있음)

➡ 동격의 that과 문장구조 동일. 다만 관계부사 that이 수식해 주는 명사(선행사)는 장소, 시간, 이유, 방식의 의미.

This is the house **that** I was born. (선행사가 장소의 의미, that은 관계부사로 사용, where로 대체 가능)

Everybody suspected the news **that** he is still alive.(동격)

➡ that이 수식해 주는 명사(선행사)가 관념, 사실, 의견 등(belief, fact, doubt, opinion etc.)이면 that이 동격의 that으로 사용된 것.

다음에 쓰인 that은 문법적으로 무엇인가요?

1. My friends wrote many good points **that** I never even realized about myself.

2. He said **that** there was still hope.

3. The doubt **that** he did not graduate from the high school was absurd

4. Order effect is the prejudicial impact **that** the presentation order of a question, idea, answer or product has on a respondent.

5. **That** doesn't mean **that** it is absolutely true.

6. I looked at **that** face **that** isn't mine.

★★★
그 밖의 수식어들

관계대명사와 관계부사를 이용한 말 이외에도 명사를 수식해 주는 말이 여러 단어로 복잡한 경우영어는 명사 뒤에 수식어를 위치시킵니다. 형용사, 동사를 형용사처럼 변형한 분사, 아니면 전치사구 등이 뒤에서 수식합니다. 여기서는 간단히 언급만 하고 자세한 것은 해당 단원에서 학습합니다.

food **to eat** tonight (오늘밤 먹을 음식, 부정사가 뒤에서 수식)

a man **called** Superman (수퍼맨이라 불리는 사나이, called라는 과거분사가 뒤에서 수식)

a boy **swimming** in the lake (호수에서 수영하는 소년, swimming이라는 현재분사가 뒤에서 수식)

the cat **on the tree** (나무에 있는 고양이, on the tree라는 전치사구가 뒤에서 수식)

CHAPTER 03

문장연결
접속사로 문장 연결하기

Listen Up!

Chapter1과 Chapter2에 걸쳐 목적어와 수식어의 위치를 공부하였습니다. 목적어와 수식어의 위치는 외국어 공부에서 가장 중요한 사항입니다. 이를 완벽하게 마스터했다면 간단한 문장은 자유자재로 구사할 수 있습니다. 이젠 더 나아가 **이런 문장들을 연결하는 법을 배우도록 하겠습니다.**

접속사를 이용하면 문장을 쉽게 연결할 수 있습니다. 하지만 **영어의 접속사는 한국어의 접속사와는 완전히 다릅니다.** 영어에서 접속사라 부르는 것을 한국어는 동사의 어미로 사용하기 때문입니다.

다음의 두 문장을 연결해 볼까요?

John이 노래했다. + Jack은 그 사실을 알고 있다.
→ Jack은 John이 노래한 사실을 알고 있다.

John이 노래했다. + Jack은 그 동안 춤을 추었다.
→ John이 노래 하는동안, Jack은 춤을 추었다.

John은 그 노래를 불렀다. + Jack은 그 노래를 싫어한다.
→ John은 Jack이 싫어하는 그 노래를 불렀다.

우리말로 두 문장을 연결할 때에는 **우리는 동사를 변형하여** (위의 예에서 '노래한 사실', '노래하는 동안', '싫어하는') **문장을 연결합니다.** 그러나 영어는 동사를 변형하지 않고 "주어+동사" 앞에 접속사(우리말로는 동사의 어미)를 붙여 문장을 연결합니다.

John sang a song. + Jack knew it.
→ Jack knew that John sang a song.

John sang a song. + Jack danced.
→ While John sang a song, Jack danced.

John sang the song. + Jack hated the song.
→ John sang the song which Jack hated.

위의 예문에서 that(~라는 것, ~라는 사실), while(~하는 동안), which(~하는)이라는 말이 우리말이었다면 동사의 뒤에 붙어야 합니다.

'that John sang a song'은 우리말 어순으로 하면 'John a song sang-that'이 되어야 합니다. 하지만 영어는 이 문장연결어를 주어의 앞으로 보내고 그 뒤에 주어와 동사를 나열합니다.

우리말로는 동사의 어미변화의 일부이었을 이 문장 연결어를 영어는 **접속사**라 합니다. 위치도 서술어동사의 어미로 사용한 것이 아니라 '주어+서술어동사' 앞에 **하나의 독립된 어휘**로 사용합니다.

일반 영문법 책에서 **영어의 접속사를 마치 우리말의 접속사와 같은 것처럼 설명합니다.** 하지만 영어의 접속사는 절대 우리말의 접속사가 아니라 동사변화의 일종입니다. 우리말 체계와 같은 접속사는 소위 등위접속사(and, but, or) 뿐입니다.

Unit 1 우리말접속사(등위접속사)로 문장 연결하기

1. 등위접속사란?

등위접속사란 우리말의 '그리고, 그러나'처럼 형태와 문장성분이 같은 말들을 연결해 주는 접속사를 말합니다.
우리말에서 접속사는 영어의 등위접속사에 해당합니다.

등위접속사는 형태와 문장성분이 같은 말들을 연결해 주기 때문에 단어와 단어, 구와 구, 절과 절을 연결해 줍니다.
(and, but, or, so, for)

You and I have a dream. (단어와 단어)
I love climbing mountains and looking down the river view. (구와 구)
I love climbing mountains and to look down the river view. (×)
→ 등위접속사로 나열할 경우 문법성분이 동일해야 합니다.
I was so tired, so I fell asleep easily. (절과 절)

2. 명령문 + and / or

1) 명령문 + and : ~해라, 그러면

Exercise on a daily basis, and you will lose weight.
= If you exercise on a daily basis, you will lose weight.
If you exercise on a daily basis, and you will lose weight. (×)
Choose a job you love, **and** you will never have to work a day in your life.
(네가 좋아하는 직업을 선택해라. 그러면 당신은 평생동안 단 하루도 일을 안해도 된다.(좋아 하는 일이 직업이므로 일을 하는 느낌이 안든다는 말))

2) 명령문 + or : ~해라, 그렇지 않으면

Exercise on a daily basis, or you will gain weight. (매일 운동해라. 그렇지 않으면 넌 살 찔 것이다.)
= If you don't exercise on a daily basis, you will gain weight.
= Unless you exercise on a daily basis, you will gain weight.

3. 짝꿍접속사

등위접속사에 짝이 따라 붙는 경우가 있는데 이를 짝꿍접속사(문법용어로 상관접속사)라 합니다. 영문을 읽다가 짝꿍접속사가 보이면 항상 짝을 찾아보아야 정확한 해석이 됩니다.

both A and B : A와 B 둘 다
not A but B : A가 아니라 B다
not only A but also B = B as well as A : A뿐 아니라 B도
either A or B : A 혹은 B
neither A nor B : A 도 아니고 B 도 아니다.

Both you **and** I are not wrong. (너랑 나 둘다 틀렸다.)
She was **not** our friend **but** enemy. (그녀는 우리의 친구가 아니라 적이다.)
Mr. Kim is **not only** rich **but also** kind. = Mr. Kim is kind **as well as** rich.
Either she **or** I am to blame. (그녀 혹은 내가 비난받아야 한다.)
Neither I **nor** my wife wanted to spend holidays at home. (나와 내 부인 모두 휴가를 집에서 보내고 싶지 않았다.)
It is **not** a lack of love, **but** a lack of friendship that makes unhappy marriages. — Friedrich Nietzsche
(나와 내 부인 모두 휴가를 집에서 보내고 싶지 않았다.)

Two possibilities exist : **either** we are alone in the Universe **or** we are not. Both are equally terrifying.
— Arthur C. Clarke (두 가지 가능성이 존재한다: 우리가 우주에서 혼자라는 사실 혹은 우리가 혼자가 아니라는 사실(외계인이 없다는 사실). 둘다 무서울 뿐이다.)

Fairy tales are more than true : **not because** they tell us that dragons exist, **but because** they tell us that dragons can be beaten. — Neil Gaiman, Coraline (동화는 실화보다 더 진실하다: 그것은 동화가 우리에게 용이 존재한다는 사실을 말해줘서가 아니라, 동화는 용도 패배될 수 있다는 사실을 말해주기 때문이다.)

★★★
절과 접속사의 개수

문장(절)과 문장(절)을 연결할 때마다 접속사를 한 개씩 추가합니다. 문장이 두 개이면 접속사는 한 개, 문장이 3개이면 접속사는 2개, 문장이 100개이면 접속사는 99개입니다.

If you exercise on a daily basis, **and** you will lose weight. (×)
→ 절은 두 개인데 접속사도 두 개라 틀린 문장

Unit 2 부사절 접속사로 문장 연결하기

1. 부사절이란?

S가 V할 때, S'는 V'했다.
= When S+V~, S + V.

이 문장에서 'S가 V할 때'가 'S는 V했다'를 수식하고 있습니다. 이렇게 **'접속사 + S + V'(절)가 문장 전체를 수식**하는 경우, 이를 부사절이라 합니다. (부사는 동사, 형용사, 또 다른 부사, 문장 전체를 수식해주는 말임)

같은 맥락에서 주어, 목적어, 보어 자리에 들어가서 명사 역할을 하는 절을 명사절이라 부르며, 명사를 꾸며주는 형용사 역할을 하는 절을 형용사절이라 부릅니다.

When I saw her first, I couldn't find a word to say. (내가 그녀를 처음 봤을 때, 난 한 마디도 할 수 없었다.)

★★★
재점검

'~하는 동안', '~하기 때문에', '~을 때' 등과 같은 말은 우리말로 접속사가 아닙니다. 하지만 영어는 이런 말들도 접속사라 하여 동사에 붙여서 쓰는 게 아니라 주어와 동사 앞에 위치하여 씁니다.

> **다음 우리 문장을 분해하여 영어 어순으로 배열하고 영문법상 접속사가 무엇인지 동그라미를 치세요.**
>
> **ex)** 내가 치킨을 주문했을 때 : ~을 때 + 내가 + 주문했다 + 치킨을
>
> 1. 그녀가 공부하는 동안
> 2. 우리 국민은 성실하지만
> 3. 연아가 금메달을 따면
> 4. 그가 노래를 부르면
> 5. 그는 비록 제정신이 아니지만

2. 의미별 접속사

보통 영문법 교재에서 접속사를 의미별로 분류합니다. 이는 특별히 의미 있는 분류방식은 아닙니다. 여러분이 할 일은 여기에 나와 있는 접속사의 뜻을 정확히 암기하는 것입니다.

1) 시간 의미를 가진 접속사

: while, by the time, since, every time, as soon as, after, before, until, till, when, whenever, as

▶ **when : ~할 때**

I'm not afraid of death; I just don't want to be there **when** it happens. — Woody Allen
(난 죽음이 두렵지 않다. 난 단지 그것이 일어날 때 거기 있고 싶지 않을 뿐이다.)

When you are courting a nice girl, an hour seems like a second. **When** you sit on a red-hot cinder, a second seems like an hour. That's relativity. — Albert Einstein
(당신이 멋진 여자에게 구애를 할 때, 한 시간이 1초처럼 보인다. 당신이 빨갛게 뜨거운 숯덩이 위에 앉아 있을 때, 1초는 한 시간처럼 보인다. 그것이 바로 상대성인 것이다.)

▶ **while : ~하는 동안, 하는 도중에**

Strike, **while** the iron is hot. <철이 뜨거운 동안에 때려라.(기회를 놓치지 마라)>
A lie can travel half way around the world **while** the truth is putting on its shoes. — Mark Twain
(진실이 신발 신는 동안에, 거짓은 세상 반바퀴를 이동할 수 있다.)

※ while은 '~인 반면에'라는 뜻으로도 쓰입니다. (= **whereas**)

▶ **since : ~이래로 죽 (주로 완료시제 동사와 결합)**

I have known her **since** she was a child.

▶ **until = till ~할 때까지**

It was not until he was thirty that he started to paint.
= Not until he was thirty did he start to paint. (그는 30세가 되어서야 그림을 그리기 시작했다.)

"You never really understand a person until you consider things from his point of view. — Harper Lee, *To Kill a Mockingbird* (당신은 그 사람의 관점에서 생각해 볼 때까지, 그 사람을 진정 이해하지 못한다.)

▶ **as : ~할 때, ~하는 동안**

He sat watching her, as she got ready.

※ as와 since는 '~ 때문에'라는 뜻으로도 사용됩니다.

Since we live in the computer era, we should get used to personal computers.
= As we live in the computer era, we should get used to personal computers.
 (우리는 컴퓨터의 시대에 살고 있기때문에 우리는 개인용 컴퓨터에 익숙해져야 한다.)

▶ **as soon as : ~하자마자**

As soon as we get the tickets, we'll send them to you. (우리가 티켓을 얻자마자 우리는 너에게 보내줄 것이다.)

2) 조건의 의미를 가진 접속사

: if, unless, provided/providing(that), as long as, once

▶ **if : ~라면**

If you know the answer, you can proceed to the next stage. (당신이 정답을 알면 다음 단계로 진행하셔도 됩니다.)
Unless you study hard, you will fail. = If you don't study hard, you will fail. (당신이 열심히 공부하지 않으면, 당신은 실패할 것이다.)

▶ **unless : ~가 아니라면**

The elephant will not attack you, unless it is provoked.
Unless you don't pass the exam, I'll buy you a table pc. (×) ➡ unless는 이중부정 불가

▶ **as long as : ~하는 한**

I don't care who you are, where you're from, what you did, **as long as** you love me. — Backstreet Boys, *As long as you love me*
(나는 당신이 누구인지, 어디 출신인지, 무엇을 했는지 신경쓰지 않는다. 당신이 나를 사랑해주기만 하는한)

▶ **once : 일단 ~하면**

Once smoking becomes a habit, you can hardly give it up.
(일단 흡연이 습관이 되면, 당신은 그것을 거의 포기할 수 없다.)

3) '~이지만'의 의미를 가진 접속사 (흔히 일본식 영문법 용어로 양보접속사)

: 시중 영문법 교재에서 양보 접속사라는 용어를 많이 사용합니다. 양보란 '~이지만'으로 해석되는 접속사를 지칭하는 일본식 영문법 용어입니다. concession이라는 영문법용어를 '양보'라는 한자로 번역하였고 그것을 문법책에 그대로 사용하고 있습니다. 학생들이 극도로 혐오하는 문법 용어입니다.

▶ **although, though, even if, even though : 비록 ~일지라도, 비록 ~이지만**

Though it was raining, we went fishing. (비가 왔지만, 우리는 낚시를 갔다.)
It is worth attempting **even though** we fail. (비록 우리가 실패한다 할 지라도, 그것은 시도해 볼 가치가 있다.)

If you see the wonder of a fairy tale, you can take the future **even if** you fail. — *I have a dream*, ABBA
(동화 속의 경이로운 일들을 이해한다면 비록 실패할지라도 미래를 향해 나아갈 수 있어요.)

영어 독해를 하다 가끔 though 뒤에 '주어 + 서술어동사'가 오지 않는 경우도 있습니다. 이 경우 though는 접속사가 아니라 '하지만'이라는 연결 부사로 사용된 것입니다.

We were at school together. I haven't seen him for years though.

※ as if = as though 는 '마치 ~인 것처럼, 마치 ~이었던 것처럼'(나중에 배우는 가정법에서 자주 사용되는 접속사)
  She behaves as if she had met me before. (그녀는 예전에 나를 만났던 것처럼 행동한다.)

▶ whereas, while : ~인 반면에

She looks about forty **whereas** her husband looks about fifty.

(그녀의 남편이 대략 50대로 보이는 반면에, 그녀는 40대로 보인다.)

Being deeply loved by someone gives you strength, **while** loving someone deeply gives you courage.
— Lao Tzu

(누군가를 깊게 사랑하는 것은 당신에게 용기를 주는 반면, 누군가에게 깊이 사랑받는 것은 당신에게 힘을 준다.)

4) 원인 이유의 의미를 설명해주는 부사절

▶ because, as, since : ~이기 때문에

Since it was raining, she took an umbrella. (비가 왔기 때문에, 그녀는 우산을 가져갔다.)

▶ now (that) : 이제 ~이니까

Now (that) you mention it, I do remember. (당신이 그것을 언급하니까, 이제 기억이 난다.)

▶ in that : ~라는 점에서

The conclusion is wrong in that it is based on false premises.

(그것이 잘못된 전제에 기반해 있다는 점에서 그 결론은 틀렸다.)

5) 기타 중요한 부사절 접속사

▶ as : ~한 대로, ~하듯이

I couldn't earn money, as I wanted. (나는 내가 원하는 대로 돈을 벌 수 없었다.)

"We don't see things **as** they are, we see them **as** we are." — Anaïs Nin
<우리는 사물들을 그것들이 존재하는 방식대로 보지 못하고, 우리가 존재하는 방식대로 바라본다.(우리의 관점에서 사물을 바라본다)>

▶ so that ~ can/may/will

= in order that ~ can/may/will

: ~하기 위하여

He worked hard so that his family could live in comfort. (그는 그의 가족들이 편안하게 살 수 있도록 열심히 일했다.)

"Be steady and well-ordered in your life **so that** you can be fierce and original in your work."
— Gustave Flaubert
(당신이 당신의 일에 맹렬하고 독창적일수 있도록 하기 위해, 당신의 삶에서 꾸준하고 잘 정돈되어 있어라.)

▶ , so that : (~해서 그 결과) ~하다.

I was excited, so that I couldn't get to sleep. (나는 매우 흥분해서 그 결과 잠을 잘 수가 없었다.)

▶ so + 형/부 + that

= such + a/an + 형 + 명 + that

: 너무 ~해서 ~하다. / ~할 정도로 ~하다.

She was **so** angry **that** she couldn't stop crying. (그녀는 매우 화가 나서 울음을 멈출수가 없었다.)
Her novel was **such** a good story **that** it was adapted as a movie script.
(그녀의 소설은 매우 좋은 이야기여서, 그것은 영화 대본으로 각색되었다.)

When one door of happiness closes, another opens; but often we look so long at the closed door **that** we do not see the one which has been opened for us. — Helen Keller
(행복의 문이 하나가 닫힐때 다른 문이 열린다; 그러나 자주 우리는 닫힌 문을 너무 오래 보아서 그 결과 우리에게 열린 문을 보지 못한다.)

▶ whether : ~이든 말든

Whether you like it or not, you should use it. (너가 그것을 좋아하든 말든, 너는 그것을 사용해야 한다.)
if는 '~인지 아닌지'라는 의미는 있지만 '~이든 말든'의 의미가 없어서 whether가 '~이든 말든'이라는 의미일 때에는 if로 교체할 수 없습니다.
If you like it or not, you should use it. (×)

I don't know **whether** he is glad or sorry. (난 그가 기뻐하는지 유감스러워 하는지 모른다.)
I don't know **if** he is glad or sorry. (O)
whether는 '~인지 아닌지'라는 의미로 사용될 수 있으며 이때는 if로 교체가 가능합니다.
Whether it's Google or Apple or free software, we've got some fantastic competitors and it keeps us on our toes. — Bill Gates (if로 교체 불가)

그것이 구글, 애플, 혹은 무료 소프트웨어이건 간에, 우리는 환상적인 경쟁자들이 있고 그리고 그것은 우리를 방심하지 않게 만든다.

6) 뜻이 비슷한 전치사와 접속사의 구별 (시험에 아주 잘 나옴)

접속사는 '주어+서술어동사'(절)을 연결하는 말이며 전치사는 명사를 연결해주는 말입니다. 따라서 명사를 연결할 때 접속사를 사용하거나, 절을 연결할 때 전치사를 사용해서는 안 됩니다.

while S + V = during + N

because S + V = because of + N

(al)though S + V = despite + N = in spite of + N

During you were away, there was a fire in the neighborhood. (×)

While은 접속사이므로 뒤에 '주어 + 서술어동사'가 와야 하고 during은 전치사이므로 뒤에 명사만 와야 합니다.

He was absent **because of** he was sick. (×)

Despite I live near the sea, I am not a good swimmer. (×)

Unit 3 명사절접속사로 문장 연결하기

1. 명사절이란?

문장의 주어, 목적어, 보어 자리에 '접속사 + S + V'가 통째로 들어가는 경우가 있습니다. 주어, 목적어, 보어 자리에 사용하는 말이 명사이므로 이러한 절을 명사절이라 부릅니다.

→ 큰 의미는 없는 분류입니다. 접속사의 의미를 정확하게 외우고 영어 어순으로 사용하는 방법만 알면 충분합니다.

2. 명사절 패턴들

Pattern 1. 명사절이 주어 자리에 온 경우

『 접속사 + S + V + V.』
    주어자리

What she said was unbelievable. : '그녀가 말한 것은'

Pattern 2. 명사절이 타동사의 목적어로 온 경우

『 S + Vt + 접속사 + S + V.』
           목적어

I couldn't understand what she said. : '그녀가 말한 것을'

Pattern 3. 명사절이 보어로 온 경우

『 S + Vi + 접속사 + S + V.』
         보어

That is what she said.

Pattern 4. 명사절이 전치사의 목적어로 온 경우

『 전치사 + 접속사 + S + V.』
      전치사의 목적어

Today's topic is about what we Koreans did during Joseon Dynasty.

★★★
재점검

'~하는 것 / ~인지 아닌지'라는 말은 우리말로 접속사가 아닙니다. 하지만 영어는 이것도 접속사로 취급하며 '주어 + 서술어동사' 앞에 사용합니다.

3. 의미별 명사절 접속사

1) that이 이끄는 명사절 (S가 V라는 것, S가 V라는 사실)

That you visit me without any notice is surprising.

→ **It** is surprising that you visit me without any notice.

➡ that절이 주어 자리에 온 경우. 이 경우 문장의 주어가 너무 길어 말하기기 버겁습니다. 이때 보통 가짜주어(가주어) it을 대신 사용하고 진짜주어(진주어)는 뒤로 보냅니다.

The sad truth is **that** excellence makes people nervous. — Shana Alexander
(슬픈 진실은 완벽함은 사람을 긴장시킨다는 것이다.)

→ 보어 자리에 쓰인 경우

That doesn't mean **that** they were always happy.
(그것이 그들이 늘 행복했다는 것을 의미하지는 않는다.) → 앞의 that은 지시대명사, 뒤의 that은 명사절접속사

2) if 나 whether 가 이끄는 명사절

'~인지 아닌지'라는 의미

I wonder **if** he is at home. (난 그가 집에 있는지 궁금하다.)

Alex asked me **whether** I could help him. (Alex는 내가 그를 도와줄 수 있는지 물었다.)

that은 '~라는 것 / ~라는 사실'이라는 의미로 **확실한 사실을 나타낼 때** 쓰이지만 if와 whether는 **불확실한 사실을 나타낼 때** 씁니다. (중요)

「ask, doubt, don't know, wonder, see 등의 동사 + if (=whether) S + V」

I asked **that** she knew French. (×)

I'm just not sure **that** he's fine today. (×)

Real integrity is doing the right thing, knowing **that** nobody's going to know **whether** you did it or not.
— Oprah Winfrey
(진정한 고결함이란 **당신이 그것을 했는지 안 했는지** 아무도 몰라준다는 것을 알면서도 올바른 일을 하는 것이다.)

Unit 4 형용사절 접속사로 문장 연결하기

명사를 뒤에서 '주어 + 서술어동사'가 수식해 주는 경우가 있습니다. 이때 '주어 + 서술어동사' 앞에 '~하는/~라는'이라는 의미의 접속사가 들어갑니다. 이런 접속사를 관계대명사 혹은 관계부사라 부르며 관계사가 이끄는 절을 형용사절이라 합니다.

『 명사 + 접속사 + S + V 』
➡ S가 V하는 명사

The cat **that** I saw yesterday was black.

영어의 다른 접속사처럼 '~하는'이라는 말은 우리말로 접속사가 아닙니다. 그러나 영어는 이런 연결어미도 접속사라 분류하고 그 뒤에 주어와 동사를 써줍니다.

CHAPTER 04

어순 예외
독해 어순, 도치, 병렬

Listen Up!

챕터1,2,3을 통해 영문법에서 가장 중요한 어순을 학습했습니다. 목적어의 위치를 공부하기 위해 문장의 5형식을 공부했고 수식어의 위치를 공부하기 위해 관계대명사와 관계부사를 공부했습니다. 그리고 접속사를 이용해 문장을 연결하는 법도 공부했습니다. 모두 우리말과 전혀 다른 방식을 취하고 있습니다.
하지만 영어는 **특수한 상황이 생길 경우 기본어순을 바꿔서 표현**하기도 합니다.
이를 도치라 하며 시험에 상당히 자주 출제 되는 편입니다. 우리말도 어순을 바꾸는 도치를 자주 합니다.

Unit 1 영어 문장 독해 어순

우리는 기본 어순을 이미 공부하였습니다. 다음에는 우리가 배운 기본 어순을 영어 문장 독해에 잘 적용시키는 방법을 공부하도록 합니다. 기본적인 해석방법은 앞에서 뒤로 쭉 나가는 것입니다. 목적어와 수식어를 우리말 어순으로 바꾸는 학생들이 많은데 이럴 경우 독해 속도도 늦어지고 영어식 어순을 습득하기 매우 어려워집니다.

1. 영문 독해의 일반 어순

1) 주어 찾기

주어를 찾습니다. 주어는 가장 먼저 나온 명사이며 전치사가 가로막고 있는 명사는 주어가 아닙니다. (영어는 '은/는/이/가'에 해당하는 전치사가 없으므로)

Long ago, some **people** believed myths that their blood could protect them from wounds.
(오래전/몇몇 사람들은/믿었다/미신을/~라는(that)/그들의 피가/보호할 수 있다고 / 그들을/상처로부터)
→ 가장 첫 명사인 people이 주어

With **adrenalin** in the blood system, **you** actually feel stronger and are ready to fight.
(아드레날린으로/혈액에 있는/ 당신은 실제로 느낀다/ 더 강해졌다고/ 그리고 준비가 된다/ 싸울)
→ adrenalin은 전치사 with가 감싸고 있으므로 주어가 아님. you가 주어

2) 주어 뒤에 오는 수식어 찾기

주어만 오고 서술어동사로 바로 넘어가는 문장은 거의 없습니다. 거의 주어 수식어가 뒤에 따라옵니다.

영어는 간단한 한 단어로 된 수식어는 주어 앞에 있지만 긴 수식어는 주어 뒤에 씁니다. 수식어를 건너뛰고 서술어동사를 먼저 해석하는 학생들이 많습니다. 하지만 이렇게 될 경우 빠른 독해를 할 수가 없으니 수식어도 바로 해석을 해줍니다.

또, 우리말 어순으로 만들려고 무리하게 주어 뒤에 있는 수식어를 주어 앞에다 배치하려 하지 않습니다. 자꾸 우리말 어순으로 바꾸면 영어 어순을 터득할 수가 없어 영문법 공부에 큰 방해가 됩니다.

The foods **we eat** lead to our well-being.
→ 우리가 먹은 음식은 (we eat가 수식어, 목적격관계대명사가 생략이 되었음)

Researchers **at the University of Minnesota** studied 350 sets of identical twins who did not grow up together.
→ 미네소타 대학교의 연구진들은 (전치사구가 수식어인 경우)

3) 서술어동사 찾기

주어에 맞는 서술어동사를 해석해줍니다. 이때 주어에 맞게 서술어동사가 쓰였는지 문법도 반드시 확인합니다.(고등학교 문법 문제의 대다수가 이런 유형이 출제됩니다.)

예를 들어 주어가 3인칭 단수인데 복수 동사를 사용했다면 서술어를 잘못 찾은 경우입니다.

마찬가지로 주어가 서술어동사의 동작을 행하는 주체인데 수동태가 사용되었다면 이 역시 서술어동사를 잘못 찾은 경우입니다.

Learning about these patterns help us to understand the world a little better. (×)
(배우는 것은/ 이 패턴들에 관해/ 도와준다/ 우리가 이해하도록/ 세상을/ 더 잘)
→ '배우는 것'이 주어이고 주어가 3인칭 단수이므로 서술어동사 'help'를 'helps'로 바꾸어 주어야 합니다.

Researchers at the University of Minnesota were studied 350 sets of identical twins who did not grow up together. (×)
→ 주어인 Reseachers가 연구를 당하는 것(were studied)이 아니라 연구를 한 것이므로 studied를 사용해야 함.

4) 서술어 뒤에 나오는 보어와 목적어 찾기

영어는 목적어와 보어가 동사 뒤에 옵니다. **문장의 마지막이 동사로 끝나는 우리말 습관이 남아 한국인은 동사 뒤에 나올 목적어와 보어를 잘 찾으려 하지 않습니다.** 그래서 목적어를 주어로 해석하는 한국인들도 많습니다.

서술어동사 뒤에 목적어와 보어를 찾는 습관을 갖지 않으면 영어는 절대 정복할 수 없는 산이 될 것입니다.

Everybody hates to be despised. (모든 사람은/ 싫어한다 / 무시받는 것을)

(1) 특정한 서술어동사 뒤에 간접목적어와 직접목적어 찾기

→ '~에게'(간접목적어) '~을/를'(직접목적어)이라는 말을 찾기
She sent me a letter. (4형식 : S + V + I.O. + D.O.)

(2) 특정한 서술어동사 뒤에 목적어와 목적보어 찾기

→ '~이'(목적어) '~하는 것을 / ~하도록'(목적보어)이라는 말을 찾는다.

She called me a fool. (5형식 : S + V + O + O.C.)
I often hear **students say** that they have read certain books.
(나는/자주 듣는다/학생들이/말하는 것을/ ~라는 사실을/그들이 읽은적이 있다고/ 특정한 책들을)
→ hear뒤에 students say라는 목적어와 목적보어가 나열되었습니다. 목적보어인 say도 목적어를 필요로 하는 동사라 say의 목적어인 that절이 펼쳐진 것을 확인 할 수 있습니다.

(3) 목적어와 보어 뒤에 나온 수식어 해석하기

목적어와 보어가 명사로 사용된 경우 이를 수식하는 말이 뒤에 붙을 수 있습니다. 주어의 수식어를 해석해 준 것처럼 목적어와 보어의 수식어도 해석해 주어야 합니다.

I asked a boy **who was listening to music** to turn the volume down.
(나는/ 부탁했다/한 소년에게/ 음악을 듣고있는/ 줄여달라고/ 볼륨을)
→ 목적어인 a boy뒤에 수식어인 **who was listening to music**이 뒤에서 수식해 주고 있음

(4) 도중에 서술어가 아닌 동사(준동사)가 나올 경우

서술어동사의 뒤를 해석하는 것과 같은 방식으로 서술어 아닌 동사 뒤의 목적어와 보어를 계속 찾아 해석합니다.

She wanted **to be** a lawyer.
→ 부정사 뒤에 나온 보어인 a lawyer를 끝까지 해석해준다.

She wanted **to give** me a book.
→ 부정사 뒤에 나온 간접목적어 me와 직접목적어 a book을 끝까지 해석해준다.

She wanted **to have** him fix the radio. (그녀는/ 원했다/ 시키도록 / 그가 / 고치는 것을 /라디오를)
→ 부정사 뒤에 나온 목적어 him과 목적보어 fix를 끝까지 해석해준다. 목적보어 fix의 목적어인 the radio도 끝까지 해석해준다.

(5) 접속사 뒤도 1 ~ 8의 방식을 따른다.

즉, 접속사 뒤의 주어, 동사, 목적어, 보어를 위의 1~8의 설명 방식대로 계속 찾아 해석해 줍니다.

I often hear **students say** *that they have read certain books*.
→ say의 목적어로 접속사 that이 나왔습니다. that 뒷부분도 위에서 설명한 방식대로 주어 찾고 주어 수식어 찾고 서술어 찾고 서술어의 목적어와 보어를 찾는 방식을 되풀이 합니다.

They said that my boss wanted me to stay in the company one year more.
(그들은 말했다/ ~라는 사실을/ 당신의 상사가 원했다고/ 내가 머무는 것을/ 그 회사에서/ 1년만 더)

흔히 의문사가 접속사로서 이끄는 절을 문장 안에 의문문이 삽입되었다 하여 간접의문문이라 부릅니다. 간접의문문은 직접 물어보는 것('~까')이 아니라 의문의 내용만 추가('~인지')된 평서문입니다. 따라서 어순을 「의문(접속)사 + 주어 + 서술어동사」의 순서로 사용합니다.

2. 영어와 우리말 의문문 어순 비교

1) 우리말

그는 누구인가? (직접의문문)

나는 그는 누구인지 알고싶다. (간접의문문)

→ **우리말은** 직접의문문이 간접의문문으로 바뀌었을 때, **동사 어미만 '~가?' 에서 '~지'로 바뀌었을 뿐입니다.**

2) 영어

Who is he? → 직접의문: 의문사 + 서술어동사 + 주어

I want to know who he is. → 간접의문: 의문사 + 주어 + 서술어동사

→ **영어는 직접의문문을 간접의문문으로 바꿀 때** 동사어미를 바꾸는 것이 아니라 **주어와 서술어동사의 어순을 바꿉니다.**

Nobody knows it. + How old I she?
→ Nobody knows how old he is.

Do you remember who is he? (×)
Do you remember who he is? (○)

He asked her where did she come from. (×)
He asked her where she came from. (○)

Life is like a box of chocolates. You never know what you're gonna get.
– 영화 *Forrest Gump*, 1994 (포레스트 검프) 중 –
(인생은 초콜릿 상자와 같아서 당신이 어떤 것을 잡을지 알 수 없다.)

Now I understand **what you tried** to say to me, and **how you suffered** for your sanity, and **how you tried** to set them free. - *Vincent*, Don McLean
(이제 나는 당신이 내게 무엇을 말하려 했는지, 당신이 당신의 분별력을 위해(제 정신을 지키기 위해) 얼마나 고통스러워 했는지, 그리고 당신이 어떻게 그것들을 놓아주려 했는지 이해합니다.)

다음 우리말을 영어로 바꾸시오

1. 그가 언제 태어났습니까? / 그가 언제 태어났는지

2. 그녀는 무슨 색을 좋아하나요? / 그녀가 무슨 색을 좋아하는지

3. 우리가 어디서 커피를 마실까요? / 우리가 어디서 커피를 마실지

4. 이 물이 깨끗한가요? / 이 물이 깨끗한지 아닌지

간접의문문은 시험에 자주 출제됩니다. **문장에서 의문사가 나왔으면 주어와 서술어동사가 어떤 어순을 취하고 있는지 꼼꼼히 체크해**야 합니다.

3) 직접의문문을 간접의문문으로 바꾸기(중학교 시험용)

대다수의 시중 영문법 책에서 '직접의문문을 간접의문문으로 바꾸기'를 설명하는데 많은 페이지를 할애하고 있습니다. 그리고 선생님들은 중학교 시험에서 이를 자주 출제하여 학생들을 골탕 먹입니다. 도대체 왜 이런 훈련을 시키는 건지 궁금합니다. 우리말의 직접의문문을 간접의문문으로 바꿔본 적은 있나요?

우리 국어책에선 직접의문문을 간접의문문으로 바꾸는 훈련을 시키지 않습니다. 아니 그런 바보같은 훈련을 한다는 것 자체가 상상도 못할 일입니다. 그런데 우리말로도 안 하는 것을 영어가 서툰 학생들에게 영어로 시키고 있습니다.

이유는 그냥 시중 일본식 영문법 책에 쓰여 있고 선생님들도 과거에 그렇게 배웠기 때문입니다. 아무 생각 없이 배워왔고 아무 생각 없이 가르쳐 왔던 것들, 언제까지 시킬 것인가요? (이와 비슷한 어리석은 영어학습으로는 직접화법을 간접화법으로 바꾸기, 가정법을 직설법으로 바꾸기 훈련이 있습니다.)

다음 직접의문문이 들어간 한국어 문장을 간접의문문으로 바꾸시오

1. 영희는 나에게 '넌 날 왜 싫어하니?'라고 물어보았다.
2. 홍이는 영훈이에게 '너 밥 먹었니?'라고 물어보았다.

정답 1. 영희는 나에게 내가 그녀를 왜 싫어하는지를 물어보았다.
   2. 홍이는 영훈이에게 영훈이가 밥을 먹었는지 안 먹었는지를 물어 보았다.

→ 한국어 배우는 외국인에게 이런 거 가르치시겠습니까?

Unit 2 생략과 병렬

1. 생략

문맥상 의미 파악이 가능하거나 반복되는 말인 경우는 생략하는 경우가 많습니다.
우리말 접속사(등위접속사)로 연결된 절에서 반복되는 말은 모두 생략 가능합니다.

We want to play soccer and (to play) baseball.
"Appear weak when you are strong, and **strong** when you are weak." — Sun Tzu, *The Art of War*
(당신이 강할 땐 약하게 보이고, 약할 땐 강하게 보여라.)
→ strong 앞에 appear가 생략됨

2. 병렬 (Parallel)

반복되는 말이 생략될 때 남아있는 말들은 문법 형태와 구조가 동일해야 합니다. 문법 구조 혹은 말의 내용이 질서 있게 나열 된다고 하여 이를 병렬이라 합니다. 병렬은 우리말에도 자연스럽게 지켜지는 **모든 언어에 공통적으로 적용되는 문법**입니다.

ex) 나는 어제 학교에 **갔고**, 공부를 **했고**, 친구들과 축구를 <u>하는</u>, 집에 **돌아왔다.** (×)
→ 우리말로 위 문장이 어디가 어색한가요? 모두 과거형 서술어를 나열하고 있는데 세번째 동사가 '하는'이라는 수식형 동사가 들어가 매우 어색한 문장임을 느낄 수 있습니다.

이렇듯 병렬은 문법에서 꼭 지켜주어야 하며 이를 어길 시 문장이 매우 어색해 집니다. 따라서 매우 중요한 문법이고 시험에 정말 자주 출제 됩니다.

영문법에서 병렬은 보통 다음 3가지 형태로 등장합니다.

1) 우리말 접속사(등위접속사)로 연결되는 병렬구조

Growing as a person **may take** you to new places and **may present** new challenges.
(사람으로 성장하는 것은 당신을 새로운 곳으로 데려다 주고, 새로운 어려움을 제시해 줄지도 모른다.)

She is **smart, fashionable,** and **diligently**. (×) (그녀는 똑똑하고, 유행을 잘 따르고, 근면하다.)
→ 형용사가 병렬되고 있으므로 diligently를 diligent로 바꾸어야 함)

John insisted on **seeing** his lawyer and **talking** about his release.
(John은 그의 변호사를 만나 그의 석방에 대해 이야기 해보겠다고 주장했다.)

"A good traveler **has** no fixed plans and **is** not intent on arriving." — Lao Tzu
(훌륭한 여행자는 고정된 계획도 없고 도착하는 것에 집착하지 않는다.)

The superior man **is** modest in his speech, but **excels** in his actions. — Confucious
(군자는 말은 어눌해도 행동에는 민첩하다.)

2) 짝꿍접속사(상관접속사)로 연결되는 병렬구조

Tom is good not only at English but also at French.
= Tom is good at not only English but also French.
She loves him not because he is rich but because his generosity. (×)
→ he is rich는 절이지만 his generosity는 명사이므로 병렬 불가
She both sings and dances.

3) 비교구문에 의한 병렬구조

It is milder in Seoul than in London.
The ears of a rabbit are longer than **those of a dog**.
It is easier **to call** than **to write** a letter. (편지를 쓰는 것보다 전화를 하는 것이 더 쉽다.)

Unit 3 도치

원칙적으로 문장은 '주어 + 서술어동사'의 순서로 씁니다. 그러나 부사어 등을 강조하기 위해 이를 문장 앞에 쓸 경우 '서술어동사 + 주어'의 순서가 되는데 이를 도치라 합니다.

1. 부사어(특히 장소나 방향을 나타내는 부사)를 강조하기 위한 도치

➡ 「부사어 + 동사 + 주어」

On the hill lies the hospital.

Well do I remember her.

Outside the building, people were shouting loudly.

→ 콤마가 있는 경우 도치 안 함

2. 형용사, 분사 보어를 강조하기 위한 도치

Beautiful was she in a red dress.

3. 가정법에서 if를 생략할 때 should, were, had 중 하나를 주어 앞으로 도치

If I had been there, I could have helped her.

→ Had I been there, I could have helped her. (내가 거기 있었다면, 난 그녀를 도울수 있었을 텐데.)

Were it not for water, there would be no living things. (물이 없다면, 생명체는 없을텐데.)

4. 부정어나 Only가 문장 앞으로 나와 강조 될 경우 반드시 도치합니다. (중요)

➡ 도치 시험 문제는 대부분 여기서 출제

▶ **부정을 나타내는 어구:**

never, not, no, little, nor, seldom, hardly/scarcely/barely/rarely , under no circumstances, on no account

Nowhere saw we any gas station.(×) → Nowhere did we see any gas station.

→ 무조건 주어, 동사의 순서를 바꾸지 말고 의문문 어순처럼 '조동사+주어"동사"로 바꾸어 줄 것

Never have I experienced such a strange feeling.

Not until the sixteenth century did people finally agree on a number.

(16세기까지는 아니었다./ 사람들이 마침내 동의한 것이 / 숫자에 대해)

특히 few(거의 없는), little(거의 없는), hardly(거의 ~않다), scarcely(거의 ~않다) 등의 말이 부정어임에 주의합니다.

▶ **only, not only**

Only then **did I realize** the trouble I was in. (오직 그때서야 난 내가 어려움에 처했다는 것을 깨달았다.)
Only for a short period of time **do cheetahs run** at full speed. (오직 짧은 기간동안만 치타는 전속력으로 뛴다.)

5. 동사변화를 공부하려면

어순을 다 마스터 했으면 이제 동사 변화를 공부할 시간입니다. 외국어는 어순과 동사변화만 공부하면 어떤 말도 완벽하게 구사할 수 있습니다.

영어의 동사변화는 끝이 '~다'로 해석되는 서술어동사의 변화와 그렇지 않은 동사변화(흔히 준동사라 함)의 두 가지로 나뉩니다. 주어가 3인칭 단수여서 동사 끝에 's'나 'es'를 붙이거나 동사에 과거의미를 넣기 위해 동사 끝에 'ed'를 넣는 것이 서술어동사 변화의 예입니다. 우리는 의식하지 못하지만 우리말은 동사변화가 엄청 복잡합니다. 반면에 영어는 동사변화가 매우 단순해서 몇 가지만 공부하면 금방 구사할 수 있습니다.

ex) 사랑하다 : love

사랑하기, 사랑하는 것 : to love, loving / 사랑하기 위해 : to love / 사랑할 to love / 사랑하다니 to love / 사랑하는 loving / 사랑했다 loved / 사랑해왔다 have loved / 사랑받는 loved

'사랑하다'라는 동사 변화를 우리말과 영어로 비교해 봤습니다.

우리말은 동사 어미가 '~하기, ~하는 것, ~하기위해, ~할, ~하다니, ~하는, ~했다, ~해왔다, ~받는 등 엄청 복잡하게 변합니다. 하지만 영어는 동사 앞에 'to'를 붙이거나 동사 뒤에 'ing' 혹은 'ed'를 붙이는 게 전부입니다.

이렇게 쉬운데 우리 학생들이 영문법을 왜 그리 어려워하는 것일까요? 그것은 영문법 배우는 데 있어서 가장 중요한 것들중 하나는 정확한 주어를 찾아내는 것이다. 동사 변화의 뜻과 발음만 알면 되는데 변화된 뜻이 명사인지 형용사인지 부사인지 품사를 구별하게 시키고 있기 때문입니다. 거기에 쓸데없는 문법 용어는 학생들이 공부하기 거의 불가능할 정도로 몰고갑니다. 공부는 쉽게 해야 합니다. 이렇게나 쉬운 영문법을 어렵게 배울 이유가 전혀 없습니다.

6. 주어에 맞는 동사 쓰기!

"모든 문장은 주어와 서술어동사로 이루어져 있다!"
영문장을 쓰려면 주어와 서술어동사를 반드시 써야 합니다. 서술어 뒤에 어떤 말을 쓸지는 문장의 5형식 편에서 함께 알아보았습니다.

영어는 주어가 어떤 말이 오느냐에 따라 서술어를 변형해 씁니다.

우리말은 주어가 말하는 사람보다 높은 사람이면 서술어에 '시'를 붙이지요. (→ 높임말이 발달한 우리말)

ex) 할아버지가 낚시하러 간다. (×) ➡ 가신다

영어의 경우 높임법은 없지만 주어에 맞는 동사를 쓰려면 첫째 **주어의 인칭과 인원수에 맞게 동사를 써야 하며**(→ 수의 일치), 둘째 **주어가 능동적으로 뭔가를 하는지 당하는지**를 정확히 구사해 주어야 합니다.(→ 태의 일치-능동/수동의 구분)

One of the most important things in learning English grammar **are** to find the exact subject. (×)

→ 주어가 3인칭 단수이므로 동사는 'is'를 사용해야 한다.

The bridge constructed two months ago **destroyed** yesterday. (×)

(두 달전 건설된 그 다리는 어제 파괴되어졌다.)

→ 주어 'The bridge'는 '파괴했다'(destroyed)가 '파괴 되어졌다'이므로 서술어동사는 수동태를 'was destroyed'가 되어야 합니다.

Section 2.
동사 변형하기1
(서술어동사 변형)

Chapter 05__ 서술어동사 변화 1　　수의 일치
Chapter 06__ 서술어 동사 변화 2　　시제
Chapter 07__ 시제 변화　　　　　　가정법
Chapter 08__ 수동태
Chapter 09__ 조동사

CHAPTER 05

수의 일치
서술어동사 변화 1

Listen Up!

주어의 수의 일치 - 주어에 맞는 서술어동사 변화 1

주어가 3인칭이고 단수이며 현재시제인 경우 동사에 's'나 'es'를 붙입니다. 문법 시험에서 이와 관련된 문제를 많이 출제 하는데 이는 영어의 수식어의 위치가 우리말과 달라 주어 찾기가 상당히 어렵기 때문입니다.

Unit 1 주어 찾기가 단순한 경우

문장 맨 앞에 오는 명사 혹은 접속사 뒤에 오는 첫 명사를 그 절의 주어라 합니다. 영어는 우리말과 달리 주어를 연결해 주는 전치사(우리말 '은/는/이/가')가 없기 때문에 주어 찾기가 조금 까다롭습니다.

In the morning, every living creature goes out for something to eat.
(아침에, 모든 생명체는 무언가를 먹으로 나간다)

On the desk was a strange animal that I have never seen. (도치된 경우)
(책상위에 내가 본적없는 이상한 동물이 있다)

to부정사, 동명사, 명사절이 주어인 경우, 동작 한 가지가 주어이므로 단수 취급합니다.

To get up early in the morning is very difficult.
Getting up early in the morning is very difficult.
That you got up early in the morning is unbelievable.

Unit 2 주어 찾기가 복잡한 경우

1. 수식어가 주어를 뒤에서 수식해주는 경우

영어는 명사를 뒤에서 수식하는 형태가 발달되어 있어 많은 수식어가 주어 뒤에 위치합니다. 수식해주는 말에도 명사가 들어가 있어 어느 명사가 주어인지 판단이 어려울 때가 있습니다. 문법 시험에는 수식어가 뒤에 붙어있는 경우가 주로 나옵니다.

The kids playing soccer (is/are) my children. (축구하고 있는 아이들은 우리 아이들이다.)
→ 현재분사구가 뒤에서 수식하는 경우

The people killed during the war (was/were) innocent citizens.
(전쟁동안 사망한(살해당한) 사람들은 무고한 시민들이었다.)
→ 과거분사구가 뒤에서 수식하는 경우

The students whom I spent with during the summer vacation (was/were) from England.
→ 관계대명사절이 뒤에서 수식하는 경우

Anyone who loves in the expectation of being loved in return (is/are) wasting their time. — Paulo Coelho
(보답으로 사랑받기를 기대하고 사랑을 하는 사람들은 누구라도 그들의 시간낭비하고 있는 것이다.)
→ 관계대명사절이 뒤에서 수식하는 경우

The great innovation (in the development)(of costume)(in Europe)(after the mid-fourteenth century) (was/were) the abandonment of the long flowing costume common to both sexes.
(14세기 중반 이후, 유럽 의류 발달에서 위대한 혁신은 남성과 여성에서 흔했던 길게 질질 끌고 다니던 옷을 포기한 것이다.)
→ 여러 개의 전치사구가 뒤에서 수식하는 경우

The way to eat an elephant (is/are) one bite at a time. (코끼리를 먹는 방법은 한번에 한번씩 깨무는 것이다.)
→ 부정사가 뒤에서 수식하는 경우

The only thing I'm afraid of (is/are) wasting the rest of my life with you guys.
(내가 두려워하는 유일한 것은 내 여생을 당신들과 낭비해야 한다는 사실이다.)

"The things you do for yourself (are/is) gone when you are gone, but the things you do for others (remain/remains) as your legacy." — Kalu Ndukwe Kalu
(당신 자신을 위해 한 일들은 당신이 사라지면 없어지지만, 남을 위해 한 일들은 당신의 유산으로 남게된다.)

문장 내용은 단수 취급한다.

Early to bed and early to rise (make/makes) a man healthy, wealthy and wise.
(일찍 자고 일찍 일어나는 것은 사람을 건강하고 부유하고 현명하게 만들어준다.)

All work and no play (make/makes) Jack a dull boy.
(일(공부)만 하고 놀지를 않게하면 Jack을 멍청한 아이로 만든다.)

2. 주어가 and로 연결되면 복수 취급.

주어가 두 개 이상이니 당연히 복수 취급합니다.

You and I are of an age. (복수 취급) (너랑 나랑은 동갑이다.)

주어가 and로 연결되어 있지만 의미상 하나를 가리킬 경우 단수 취급합니다.

Romeo and Juliet (is / are) my favorite characters. (Romeo와 Julliet은 내가 좋아하는 캐릭터들이다.)
→ 두 인물을 가리킬 때

Romeo and Juliet (is / are) my favorite play. (로미오와 줄리엣은 내가 좋아하는 희곡이다.)
→ 문학작품 하나를 가리킴

3. each 와 every

항상 단수 취급합니다. (특히, every는 '모두'라는 all의 의미로 잘못 알고 있습니다. 하지만 every는 '모두 각각/ ~마다'이라는 each와 비슷한 뜻을 가지고 있어서 단수 취급합니다.)

Each and every one of his lecture (was/were) moving. (그의 모든 강의는 감동적이었다.)

Every boy and girl (was/were) invited to the meeting. (모든 소년 소녀들이 그 모임에 초대되었다.)

"Everything you can imagine (is/are) real." — Pablo Picasso (당신이 상상할 수 있는 모든 것은 현실이다.)

4. 짝꿍접속사로 주어를 만들었을 경우

서술어동사에 가까운 B에 수를 일치 시킵니다.
(as well as 만 주의)

A or B, either A or B, neither A nor B, not only A but also B, B as well as A

Either you or he (are/is) wrong. (그 혹은 너가 틀렸다.)

Neither he nor I (is/am) your new teacher. (그도 나도 너의 새 선생님이 아니다.)

Not only you but also he (are/is) smart.

= He as well as you (is/are) smart. (너 뿐만아니라 그도 똑똑하다.)

5. 단수 취급하는 수량 표현과 복수 취급하는 수량 표현을 주목합니다.

a number of + 복수명사 : 많은 (=many) → 복수취급

the number of + 복수명사 : 그 숫자 → 단수취급

A number of (=Many) students (is / are) absent today. (많은 학생들이 오늘 결석했다.)

The number of students who are absent today (is / are) large. (오늘 결석한 학생들의 수는 크다.)

보통 문법책에서 부분을 나타내는 명사가 주어인 경우 of 뒤에 오는 명사에 수를 일치시킨다고 합니다.

분수, all, most, any, half, none, part, the rest, percent + of + 복수명사 → (단수/복수)동사

분수, all, most, any, half, none, part, the rest, percent + of + 단수명사 → (단수/복수)동사

    Two-thirds of my books (is/are) novels. (내 책의 2/3는 소설이다.)

    Three-fourths of the earth's surface (is/are) water. (지구 표면의 3/4은 물이다.)

그러나 굳이 부분명사의 단수 복수라고 따로 외우기보다는 부분이 되는 말이 단수인지 복수인지 해석해 보면 쉽게 풀 수 있습니다.

    Most of my time (is/are) spent in reading.

    → '내 시간의 대부분'은 당연히 단수 취급

    Most of my children (is/are) girls.

    → '내 아이들의 대부분'은 여러 사람이므로 당연히 복수 취급

the + 형용사 : ~하는 사람들 : 복수취급

    The rich (is/are) not always happy. → the + 형용사 : ~하는 사람들 (부자들이 항상 행복한 것만은 아니다.)

    The unemployed are losing their hope day by day. → 실업자들, 과거분사도 일종의 형용사

    (실업자들은 매일매일 그들의 희망을 잃어가고 있다.)

CHAPTER 06

시제
서술어 동사 변화 2

Listen Up!

Chapter 5에서는 주어의 수에 맞는 서술어동사를 사용하는 법을 학습하였습니다. 이번 단원에서는 때에 맞게 서술어동사를 쓰는 법을 공부합니다.(시제)

영어의 시제 역시 단순하게 공부하는 것을 추천합니다. 영어의 시제가 우리말과 다른 것인 양 시제를 12시제 등으로 분류하거나 현재완료를 네 가지 용법으로 나누어서 공부하면 시제 변화 공부가 더 어려워집니다.

영어라고 해서 시간관념이 우리말과 다를까요? 현재완료라고 하는 시제는 과연 영어에만 있는 말일까요?

Unit 1 시제의 개념 1 - 현재, 과거, 미래

1. 현재시제란?

현재시제는 현재의 반복적인 일이나 행동, 지속적인 상태묘사, 과학적·일반적 사실, 진리 등을 나타낼 때 쓴다. → 일반적인 영문법 책들의 설명방식입니다. 누가 이걸 모릅니까?

"현재는 현재다!" ➡ 이게 정답. 우리말로 현재 의미이면 영어도 현재 동사를 사용하면 됩니다)

Kim Hong lives in Korea.

He has an eye for beauty.

Kim Hong gets up at 9 every morning.

Kim Hong teaches English.

아주 가끔 불변의 진리, 과학적 사실, 속담 등에 현재를 쓴다는 문제를 출제하는 선생님들도 있습니다. 하지만 이런 말들도 우리말에서도 현재를 주로 사용합니다.

The sun rises in the east and sets in the west. (태양은 동쪽에서 떠서 서쪽으로 진다.)

He said money (was/is) not everything in life. (그는 돈이 인생의 전부는 아니라고 말했다.)

가까운 미래의 일이지만 현재를 쓰는 경우도 있습니다.

The flight arrives at New York tomorrow at 5 a.m.

The movie starts at 2 p.m.

➡ go, come, leave, arrive 등 주로 '오고 가고 출발하고 도착하다'는 의미의 동사일 때, (일본식 영문법 책에서는 왕래발착동사) 현재가 미래를 대신한다고 설명합니다. 하지만 우리말도 가까운 미래는 현재를 사용하여 미래를 표현합니다.

나는 내일 미국 간다. (O)

= 나는 내일 미국 갈 것이다. (O)

그 영화는 7시에 시작한다. (O)

= 그 영화는 7시에 시작할 예정이다. (O)

2. 시간·조건 부사절에서의 시제

"시간이나 조건을 나타내는 '부사절'에서는 현재가 미래를, 현재완료가 미래완료를 대신한다"라는 무시무시한 영문법이 있습니다. 이 문법에 따르면 문법성 판단을 위해 그 문장이 부사절인지를 판단해야 하고, 그 부사절이 시간이나 조건을 나타내는 지 판단해야 하고 마지막으로 미래임이 판명되면 현재 동사를 사용한다는 문법입니다. 이런 판단을 거쳐서 영어로 말하는 것이 가능할까요?

시간·조건 부사절이란?

문장의 상황을 설명하여 문장전체를 수식해 주는 말을 부사라 합니다. 절(접속사 + 주어 + 동사)이 문장전체를 수식하는 경우 이를 부사절이라 합니다. 이 문장 전체를 수식해 주는 부사절이 시간과 조건의 의미인 경우 현재동사를 미래동사 대신해서사용 합니다.(현재완료 동사는 미래완료 동사를 대신)

If it rains tomorrow, I will stay at home. (O)
If it will rain tomorrow, I will stay at home. (×) → 조건을 나타내는 부사절이므로 현재가 미래를 대신해야 함
When she meets him tomorrow, she will tell the truth about the accident. (시간부사절)
When she will meet him tomorrow, she will tell the truth about the accident. (×) → 시간을 나타내는 부사절이므로 현재가 미래를 대신해야 함
It will be rainy **by the time we will play soccer**. (×)
If you will visit his house tomorrow, say hello to him. (×)

시간과 조건을 내포하는 접속사들은 그 접속사 안에 미래 의미가 내포되어 있습니다. when의 경우 '~할 때'라는 의미로 당연히 미래의미가 들어가 있고, if 역시 '~라면'의 뜻으로 미래의 의미가 들어가 있습니다.

When I will meet her tomorrow, I will tell her something important. (×) ➡ will 을 넣을 경우 정확히 해석하면 '내일 내가 그녀를 만날 + ~할 때'라는 의미로 해석되므로 어색합니다. 소위 시간과 조건의 의미를 가진 접속사들은 **이미 미래 의미를 담고 있어서 미래 의미의 조동사를 쓸래야 쓸 수가 없는 것**입니다.

따라서 when이 '~할 때'의 의미가 아니라 '언제 ~인지'의 의미일 때는 당연히 미래 의미일 경우 미래로 써줍니다. if 역시 '~라면'이라는 뜻이 아니라 '~인지 아닌지'라는 의미도 있습니다. 이 경우에도 역시 미래 의미이면 미래의미의 보조동사 will을 써 주어야 합니다.

We want to know **when the singer will appear**. (O) (우리는 그 가수가 언제 나올지 알고 싶다.)
I don't know **if Daniel will come tomorrow**. (O) (나는 Daniel이 내일 올지 안올지 모른다.)

일반 영문법 책은 위 문장에서 when과 if가 이끄는 절이 부사절이 아니라 명사절이므로 미래를 쓸 수 있다고 설명합니다. 하지만 말을 하는 도중에 부사절인지 명사절인지 판단할 수 있는 사람은 없습니다. 뜻으로 미래의미 조동사를 쓸지 말지 판단해야 합니다.

Do you know the day **when Brian will come**? (O) (당신은 Brian이 오는 날을 압니까?)
→ 여기서 when이 관계부사 '~하는'의 의미로 쓰였음. 따라서 will을 써도 됨.

3. 과거시제

"과거시제는 과거의 동작, 상태나 역사적 사실을 표현할 때 사용된다."
(일반적인 영문법 책들의 설명방식입니다. 우리를 완전 바보 취급하는 설명이지요.)
그냥 우리말로 과거 의미이면 과거 동사를 사용하면 됩니다.

영어는 과거 동사를 동사에 '-ed'를 붙여 만들거나 불규칙 변화시켜 사용합니다.

    You **were** my best friend when I **was** young. (과거 사실) (내가 어렸을 때 너는 나의 최고의 친구였다.)
    Actually, Thomas Edison **did not** invent electronic bulb. (역사적 사실)
    (사실, Thomas Edison이 전구를 발명하지 않았다.)
    He often **went** for a fishing. (불규칙 과거동사)

특히 과거동사와 과거분사를 구별할 수 있어야 합니다. 언제 과거를 쓰느냐는 그만 공부하고 생김새가 똑같은 과거동사와 과거분사를 구별하할 줄 알아야 합니다. 이 둘을 구별할 수 없으면 영어를 절대 잘 할 수 없습니다.

다음 단어의 뜻을 쓰시오
    used
    loved
    wrote
    written

동사의 3단 변화 암기를 기계식으로 암기한 나머지 과거분사를 엉망으로 해석하는 학습자들이 많습니다.

    send – sent – sent
    보내다 – 보냈다 – 보냈었다 (×)
    보내다 – 보냈다 – 보내진 (O)

3단변화가 현재, 과거 순서로 나열되어 세 번째 과거분사도 더 이른 과거의미의 동사로 해석하고 싶은 욕망이 듭니다. 하지만 세 번째 과거분사는 앞의 두 동사와는 아무 상관이 없는 일종의 형용사입니다. (분사편에서 한 번 더 다루겠습니다.)
특히 과거동사와 과거분사의 생김새가 같은 경우 이를 정확히 해석하기가 난감합니다. 난감한 만큼 문법 시험문제에 자주 출제되는 부분이지요.

    A man **called** Kim Hong **called** you yesterday.
    (김홍이라 **불리는** 사람이 어제 네게 **전화했어**.)
    → 첫번째 called는 '불리는' 이라는 의미의 과거분사, 두 번째 called는 '전화했다'라는 의미의 과거동사

    With Mom, everything **touched** by her **turned** to gold.
    (엄마에게 있어서, 그녀에 의해 만져진 모든 것은 금으로 변했다.)
    → touched는 '만져진' 의미를 가지고 있는 과거분사, turned는 '변했다'의 의미를 가지고 있는 과거동사

4. 미래시제

미래 시점에서의 주어의 상황이나 의지를 표현할 때 말하기 전에 이미 결정한 일을 표현할 때에 미래를 사용한다. (일반 영문법 책들의 서술법)

그냥 '미래에 미래를 사용한다.' 이 정도면 충분합니다.

특히 미래의 의미를 나타내는 말엔 will이나 be going to를 사용합니다.

>The president says that our economy **will** grow next year.
>= The president says that our economy **is going to** grow next year.
>　(대통령은 내년에 우리 경제가 성장할 것이라고 말한다.)

I will never forget this shame forever. (나는 이 수모를 영원히 잊지 않을것이다.)

be going to + V : ~할 예정이다.(~할 것이다)

I am going to go to the movies tonight. (예정) (나는 오늘 밤 영화보러 갈 예정이다.)

That is what she was going to say. (그것이 그녀가 말하고자 했던 것이다.)

Unit 2 진행형

1. 진행형의 기본 의미

영어는 동사에 '~ing'를 붙여 3가지 의미로 사용합니다.

'~하기'라고 사용할 경우 이를 우리는 **동명사**라 부릅니다.

'~하는, ~주는'이라는 의미로 사용할 경우 **능동**의 의미를 지닌 **현재분사**라 부릅니다.

'~하는 중인'이라는 의미로 사용할 경우 **진행**의 의미를 가진 **현재분사**라 부릅니다.

이 세 번째 '~하는 중인'이라는 현재분사에 '~이다'에 해당하는 말(be 동사)을 붙이면 '~하는 중이다'라는 의미가 되고 이를 진행형이라 합니다.

수영하는 중인	swimming (진행의 의미를 가지는 현재분사)
수영하는 중이다	am swimming / is swimming / are swimming (현재진행형)
수영하는 중이었다	was swimming / were swimming (과거진행형)
수영하는 중일 것이다	will be swimming (미래진행형)
수영해오고 있는 중이다	have been swimming/has been swimming (현재완료진행형)
수영해오고 있는 중이었다	had been swimming (과거완료진행형)
공부하는 중인	studying (진행의 의미를 가지는 현재분사)
공부하는 중이다	am studying / are studying / is studying (현재진행형)
공부하는 중이었다	was studying / were studying (과거진행형)
공부하는 중일 것이다	will be studying (미래진행형)
공부해오고 있는 중이다	have been studying / has been studying (현재완료진행형)
공부해오고 있는 중이었다	had been studying (과거완료진행형)

흔히 진행형을 'be동사 + ~ing' 라고 공식처럼 외워버립니다. (수동태도 'be + ~ed'라고 공식처럼 외우지요) 하지만 'be + ~ing'를 하나의 동사처럼 암기 하면 위에 나온 진행형 시제를 모두 따로따로 외워야 하며 자유자재로 구사하기 힘들어집니다.

'~하는 중인'이라는 형용사에 '~이다'라는 서술어를 붙이는 훈련을 하면 복잡한 진행형 시제를 모두 활용할 수 있습니다.

2. 주의해야 할 진행형

논리상 진행형을 쓸 수 없는 동사

I am knowing that she is smart. (×)

This car is belonging to me. (×)

I am loving her very much. (×)

일반 영문법 책에서 '상태, 감각, 인지, 감정'의 의미를 가진 동사는 진행형을 못쓴다고 가르쳐줍니다. 하지만 **이런 의미를 가지는 동사들은 우리말에서도 진행형 시제를 쓰지 않습니다.** 여러분은 불필요한 문법내용을 배우느라 아까운 시간을 허비하고 있는 것입니다.

That is sounding like a great idea. (×)

(그것은 멋진 아이디어처럼 들리는 중이야.) (×)

당연히 상태와 동작 두 가지 뜻을 가지고 있는 동사라도 동작의 의미를 나타내는 경우 진행형을 쓸 수 있습니다.

① weigh (무게가 나가다 vs. 무게를 재다)

This watermelon is weighing 5 Kg. (×)

(이 수박은 5 킬로그램이 나가는 중이야.) (×)

The vendor is weighing the watermelon. (○)

(그 상인은 수박을 무게 재는 중이다.) (○)

② have (소유하다 vs. 시간을 보내다)

I am having a brand new smart phone. (×)

(나는 최신식 스마트폰을 가지고 있는 중이야) (×)

I am having a good time. (○)

(나는 즐거운 시간을 보내는 중이야.) (○)

③ taste (~한 맛이 나다 vs. 맛을 보다)

This soup is tasting good. (×)

(이 수프는 좋은 맛이 나는 중이야.) (×)

The chef is tasting the soup. (○)

(그 요리사는 그 수프를 맛보는 중이다.)(○)

문법을 무조건 외우려 하지 마세요. 해석을 정확히 해 본 후, 논리적으로 그런 말이 있을 수 있을지를 판단해 보면 문법의 옳고 그름을 판단할 수 있습니다. 우리나라 영문법 교재는 한번만 생각해보면 전혀 쓸데없다는 것을 알게될 그런 내용들이 정말 많습니다.

Unit 2 현재완료, 과거완료, 미래완료, 시제일치

1. 현재완료란?

1) 일반 영문법 교재들의 현재완료에 대한 정의

과거의 일이 현재 영향을 미칠 때 쓰는 시제표현을 현재완료라 하고 현재완료에는 네 가지 용법이 있다. (보통 수직선으로 그어서 설명을 많이 함)

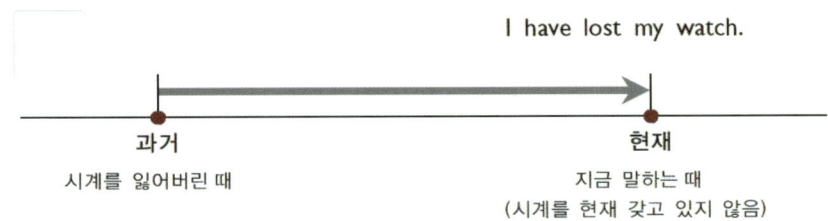

이 수직선 설명이 말이 된다고 생각하시나요? 세상에 어떤 사람이 자신이 표현하고자 하는 내용이 과거의 일에 영향을 받은 상황인지를 판단하고 동사를 'have p.p.'로 바꿀까요? 수직선 설명이 틀린 말은 아니지만 이런 설명으론 현재완료를 구사할 수 없습니다. 차라리 안가르치는 것이 나을 것입니다.

2) 현재완료의 새로운 정의 :

영어는 똑 같은 말을 여러 의미로 해석하는 경우가 많습니다. to부정사도 같은 말이지만 여러 의미로 해석 됩니다.

    doing : ~하기(동명사)/~하는, ~주는(현재분사의 능동의미)/~하는 중인(현재분사의 진행의미)
    loved : 사랑했다(과거동사) / 사랑 받는 (과거분사의 수동의미)
    to do : ~하기/~할/~하기위해/~하다니/~하기엔

마찬가지로 have + p.p. 도 똑 같은 발음이지만 '~해오고 있다' / '~한 적 있다' / '막 ~했다' / '~해서 ~되어버렸다'라는 4가지 뜻으로 사용합니다. 이 네 가지 뜻으로 사용하는 have + p.p.를 현재완료라 합니다. (영어는 같은 말을 여러 의미로 사용한다는 사실을 항상 염두하세요.)

    만난 적 있다. : have met
    만나 오고 있다 : have met
    지금 막 만났다 : have met
    (결국) 만나버렸다(만나서 어떤 상태가 되어 버렸다.) : have met
    ➡ 똑 같은 have met을 이용해서 네 가지 의미를 나타냄.

들어본 적 있다 : have heard

들어오고 있다 : have heard

지금 막 들었다 : have heard

(결국) 들어버렸다 : have heard

➡ 똑 같은 have heard를 사용해서 무려 네 가지의 의미로 사용

현재완료는 영어에만 있는 시제가 아닙니다. 우리말에도 당연히 영어의 현재완료에 해당하는 말이 있습니다. 우리말엔 없고 영어에만 있는 말은 존재하지 않습니다.

3) 현재완료는 현재 완료된 것을 말하나요?

현재완료라는 문법 용어는 마치 현재 완료된 일을 말하는 것처럼 들립니다.

하지만 위에서도 확인했듯이 현재완료는 현재 완료된 일뿐 아니라, 현재 가지고 있는 과거 경험, 현재에도 계속 되고 있는 일, 현재 일어난 결과의 의미도 나타냅니다. 자꾸 현재완료라고 부르니까 현재 완료된 일인 것처럼 느껴지는 것입니다.

현재완료를 수직선을 이용해 하는 설명 방식부터 다른 의미도 있는데 굳이 '현재완료'라고 부르니 배우는 학생들은 너무나 고통스럽습니다. 현재완료라는 문법용어를 그냥 'have+ p.p.'라고 부르는 게 더 나을 듯합니다.

4) 현재완료의 네 가지 용법:

일반 영문법 책은 현재완료의 네 가지 뜻에 문법용어를 붙여서 의미 별로 분류를 합니다.

'~해오고 있다' : 현재완료의 계속적 용법

'~한 적 있다' : 현재완료의 경험 용법

'막 ~했다' : 현재완료의 완료 용법

'~해서 ~되어버렸다' : 현재완료의 결과 용법

My son has just finished his homework. (그는 막 과제를 마쳤다. 완료)

She has already eaten her meal. (그녀는 이미 식사를 해버렸다. 완료)

She has bought a new car. (그녀는 새 차를 사버렸다. 결과)

She has gone out of my life. (그녀는 내 인생에서 사라져 버렸다. 결과)

I have known her since she was a child. (난 그녀가 어렸을 때 이후로 그녀를 알아오고 있다. 계속)

"I have always imagined that Paradise will be a kind of library." — Jorge Luis Borges(계속 상상해 왔다 / 계속)
(나는 천국은 일종의 도서관이라고 늘 상상해왔다.)

My parents have been married for 20 years. (우리 부모님은 결혼한 지 20년이 되셨다. 계속)

Have you ever heard the wolf crying? (늑대가 우는 것을 들어본 적 있나요?: 경험)

"Life is a book and there are a thousand pages I have not yet read." (계속 혹은 경험) — Cassandra Clare, *Clockwork Princess* (인생은 책이다. 그리고 (거기엔) 아직 내가 읽지 않은 천 페이지가 있다.)

"I have not failed. I've just found 10,000 ways that won't work." (완료) — Thomas A. Edison
(난 실패하지 않았다. 난 작동하지 않는 1만가지의 방법을 막 알아낸 것이다.)

아직도 중학교 시험에선 have p.p.가 쓰인 문장이 무슨 용법으로 쓰였는지 물어보는 문제가 많이 출제 됩니다. 만일 구별하기 너무 힘들면 대강의 의미 정도만 알고 넘어가도 됩니다. 현재완료 용법 구별하는 문제는 중학교 시험에서만 주로 출제하기 때문입니다. (생각보다 중학교 시험이 불필요한 영문법을 많이 출제 하고 있습니다. 부정사의 용법 구별부터 해서 가정법을 직설법으로 바꾸기, 직접의문문을 간접의문문으로 바꾸기 등 정말 영어 실력 향상에 아무 도움 안 되는 것에 전국 모든 아이들이 힘을 쏟고 있습니다.)

특히 시험에 가장 많이 출제되는 것은 과거와 현재완료의 구분입니다.

현재완료의 4가지 용법(경험, 완료, 계속, 결과)을 구분하는 실익 없는 고민보다는 이 상황에서 과거동사를 쓸지 아니면 현재완료 동사를 쓸지를 우선 고민해야 합니다.

2. have p.p. vs. 과거

have p.p.는 과거를 언급하는 것 같지만 결국 현재를 말하고 있는 것입니다.

    I have lost my key. → 열쇠 잃어버려서 **지금**은 없어요.
    I lost my key. → (과거에) 열쇠 잃어버렸어요.(현재 어떤지 모름)
    I have finished my homework. → 나 **지금** 현재 숙제 다 끝났어요.
    I finished my homework. → 그냥 과거에 숙제 끝냈다는 말
    I studied English for 3 years. (과거 3년 동안 공부했다는 의미)
    I have studied English for 3 years. → 나는 영어를 3년 동안 계속 공부해오고 있다. (지금도 공부하고 있다는 의미)

have p.p.는 현재의 이야기를 하는 것이므로 **have gone**은 논리적으로 1인칭과 2인칭에는 쓸 수가 없습니다.

    I have gone to London. → 나는 지금 런던에 가버리고 없다. (×)
    You have gone to London. → 너는 지금 런던에 가버리고 없다. (×)
    She has gone to London. → 그녀는 지금 런던에 가버리고 없다. (○)

    cf) have been to : ~에 가본 적이 있다(경험)
        have been in : ~에 있었던(살았던) 적이 있다. (경험)
    I have been to Go-heung before.
    I have been in Go-heung before.

문장의 의미로만 have p.p.를 쓸지 과거동사를 쓸지 구분이 쉽지 않습니다. **다음의 시제 단서를 외우면 편합니다.**

① 과거와 주로 쓰이는 시제 단서들 : **yesterday, ago, last + 시간 표현, in + 과거연도**, just now, when
    Last Christmas I have given you my heart. (×)
    He has been born in 1977. (×)
    A long time ago, there has lived a man called Shrek. (×)
    When have you met him? (×)
    Yesterday all my troubles have seemed so far away. (×)
    Last night, it snowed a lot. (○)

과거 시제 단서가 있으면 과거동사를 써야 하며 have p.p.를 쓰지 않습니다. 과거시제 단서는 반드시 암기하세요.

② **현재완료와 주로 쓰이는 시제 단서들:** since+과거, yet, so far, for+시간표현, ever, already, just

Since last night, it has snowed a lot. (since + 과거)

So far I've been quick enough. (여태까지 난 충분히 빠르게 대처해왔다.)

I haven't received a letter from him yet. (난 그에게 아직 편지를 받지 못했다.)

I've already done it. (난 이미 그것을 다 해버렸다.)

3. 현재완료진행형 :

have been +~ing / has been +~ing

현재완료의 '해오고 있다' 의미에 '~하는 중인' 이라는 진행의 의미를 더해서 '~해오고 있는 중이다'로 표현할 수 있습니다. 이를 현재완료진행형이라 합니다.

'~해오고 있는 중이다.' = '~해오고 있다' + '~하는 중이다'

have + p.p.

    be + ~ing

= have been ~ing

You **have played** computer games for 3 hours. (넌 3시간 동안 컴퓨터 게임을 해오고 있다.)

You **are playing** computer games for 3 hours. (넌 3시간 동안 컴퓨터 게임을 하는 중이다.)

You **have been playing** computer games for 3 hours. (넌 3시간 동안 컴퓨터 게임을 해오고 있는 중이다.)

현재완료진행은 현재완료의 계속의 의미와 비슷합니다. 하지만 진행의 의미가 좀더 들어가 있습니다. (문법 용어가 중요한 것이 아니라 실제로 이렇게 표현할 수 있도록 연습해야 합니다.)

She has been waiting for him still. (그녀는 아직도 그를 기다려오고 있는 중이다.)

I have been solving this problem for five hours. (난 이 문제를 5시간동안 계속 풀어오고 있는 중이다.)

같은 원리로

과거완료진행형(~해오고 있는 중이었다 / had been +~ing),

미래완료진행형(~해오고 있는 중일 것이다 / will have been + ~ing).

4. 과거완료 (had + p.p.)

현재완료의 네 가지 의미에 과거의미(~었)를 덧붙이면 과거완료가 됩니다. 미래완료는 미래의미(~일 것)를 덧붙이면 됩니다. 의미는 다음과 같습니다.

만났다 : met

만난 적 있다 : have met / has met (현재완료)

만난 적 있었다 : had met (과거완료)

만난 적 있을 것이다 : will have met(미래완료)

현재완료라는 문법용어처럼 과거완료라는 문법용어도 학습자들에게 과거에 완료된 일을 의미하는 듯한 인상을 주어 혼란을 줍니다. 과거완료도 경험, 계속, 결과, 완료의 네 가지 뜻으로 사용되기 때문입니다. 따라서 과거완료라는 용어도 이제 버리고 그냥 had p.p. 라는 용어를 사용하는 것이 좋을 듯합니다.

had p.p.(과거완료)	have p.p.(현재완료)	Will have p.p.(미래완료)
~해오고 있었다. (계속)	~해오고 있다. (계속)	~해오고 있을 것이다. (계속)
I had studied English for 5 years at that time. (그 당시 난 영어를 5년간 **공부해오고 있었다**.)	I have studied English for 5 years until now. (난 지금까지 영어를 5년째 **공부해오고 있다**.)	After 2 years, I will have studied English for 5 years. (2년 후이면 난 영어를 5년째 **공부하고 있을 것이다**.)
~한 적 있었다. (경험)	~한 적 있다. (경험)	~한 적 있을 것이다. (경험)
John had never been to New York before he was 20. (John은 20세 전까지 뉴욕에 **가본적 없었다**.)	John has never been to New York. (John은 뉴욕에 **가본적 없다**.)	John will not have been to New York before he is 20. (John은 20세 전에 뉴욕에 **가본적이 없을 것이다**.)
그때 막 ~했었다. (완료)	지금 막 ~했다. (완료)	막 ~했을 것이다. (완료)
When I came back to the office, he had just finished the job. (내가 사무실에 도착했을 때 그는 막 그 일을 마쳤었다.)	When I come back to the office, he has just finished the job.	When I come back to the office, he will have finished the job.
~해서 ~되어 버렸었다. (결과)	~해서 ~되어 버렸다. (결과)	~해서 ~되어 버렸을 것이다. (결과)
When she asked him the time, he had lost his watch then. (그녀가 시간을 물어보았을 때, 그는 이미 시계를 잃어버렸었다.)	When she asks him the time, he has lost	

대과거: 특히 과거보다 더 이전에 일어난 과거를 표현할 때 had p.p.를 사용하며 이를 대과거라 부릅니다.

After I had met him in person, I was relieved. (그를 직접 만나고 나서, 나는 안도했다.)

We h**ad planned** to visit Thailand, but we canceled it because of a big demonstration in Bangkok.
(우리는 태국을 방문하려 계획했었는데 방콕에 큰 시위가 있어서 취소했다.)

과거완료를 대과거라고 부르기도 하는데 이는 학습자들에게 아주 먼 과거의 이야기(공룡이 뛰놀던 쥬라기시대 정도)를 연상하게 합니다. 역시 버려야 할 일본식 문법용어입니다. 과거보다 더 이전에 일어난 일이라는 의미의 '더과거' 혹은 '먼저과거'라는 용어는 어떨지요.

시험 문제에서 had p.p. (과거완료)를 쓸 상황인지 판단하기 위해선 기준이 되는 과거를 찾아야 합니다. 이 기준이 되는 과거보다 먼저 일어난 일이면 had p.p를 사용하면 됩니다.

He arrived at last, but his wife had married another man.

(그는 마침내 도착했다. 하지만 그녀의 부인은 다른 사람과 이미 결혼해버렸었다.)

→ arrived : 기준이 되는 과거

CHAPTER 07

가정법

시제 변화

가정법 (Subjunctive Moods) - 말의 내용에 따른 서술어동사 변화

우리말은 사실과 반대로 말한다고 해서 동사가 크게 변하지는 않습니다. 하지만 영어는 사실과 반대되는 말을 할 경우 서술어 동사를 한 시제씩 과거를 사용합니다.

➡ 현재사실을 반대로 말하는 경우 과거동사를 사용, 과거사실을 반대로 말하는 경우 과거완료 동사를 사용

    I **am** brave. 사실을 그대로 말했으므로 당연히 현재 시제를 사용

    I wish I **were** brave. ➡ '난 내가 용감하면 좋겠어'라고 사실과 반대로 말함. (말하는 사람은 지금 용감하지 않은 사람이고 자신이 용감하길 바라고 있습니다.)

단지 **말의 내용이 사실과 반대라는 이유로 시제를 과거를 사용**한다는 것은 우리말에선 상상도 할 수 없는 일입니다. 하지만 영어는 사실이 아닌 말을 할 경우 시제를 그대로 쓰는 것을 부담스러워 해서 한 시제 과거 동사로 변형시킵니다. 이렇게 말의 내용이 사실과 다를 경우 한시제 과거동사를 사용하는데 이를 가정법이라 합니다.

가정법이라는 문법 용어부터가 마치 '가정하는 법'이라는 인상을 주어 'if'를 꼭 사용해야 할 것 같은 인상을 줍니다. 하지만 if를 사용하지 않는 가정법도 많습니다.

일반 영문법 책에선 Moods라고 해서 말의 내용이 사실을 그대로 표현하면 직설법(Indicative Mood), 사실과 반대인 것을 가정법(Subjunctive Mood), 명령하는 말투를 명령법이라고 분류합니다. 하지만 우리가 이런 영문법식 분류까지 공부할 필요는 없습니다. 그냥 가정법을 바로 학습하는 것을 권합니다. 특히 가정법을 직설법으로 바꾸는 훈련을 학생들에게 자꾸 강요하는데 도대체 이게 가정법 공부에 무슨 도움이 되는지 선생님들께서는 한번만 생각해보셨으면 합니다.

Unit 1 가정법 기본개념

1. 가정법이란?

내용을 사실과 반대로 말을 하여 말에 감정을 강하게 넣어 하는 말투를 가정법이라 합니다.

말에 감정을 강하게 넣기 위해 사용하는 가정법의 특징

① 내용은 사실과 반대로 말을 할 것
② 동사에 일정한 변형을 줄 것

다음 우리말이 가정법이면 'O'에 아니면 'X'에 체크하세요.

1. 내가 너라면 ➡ (O / ×)
2. 내가 너였다면 ➡ (O / ×)
3. 나는 너다. ➡ (O / ×)
4. 나는 날 수 있다 ➡ (O / ×)
5. 나는 날 수 있을 텐데 ➡ (O / ×)
6. 나는 날 수 있었을 텐데 ➡ (O / ×)
7. 자기가 우리 엄마인 것처럼 ➡ (O / ×)
8. 너의 비밀을 알면 좋을 텐데 ➡ (O / ×)
9. 내일 서울에 비오면 ➡ (O / ×)
10. 내일 캄보디아에서 눈이 내리면 ➡ (O / ×)
11. 주말에 그녀를 만나면 ➡ (O / ×)
12. 7년전에 실종된 그녀를 주말에 만나면 ➡ (O / ×)
13. 난 행복할 것이다. ➡ (O / ×)
14. 난 행복할 텐데. ➡ (O / ×)
15. 난 행복했을 텐데. ➡ (O / ×)

2. 가정법 우리말과 영어의 비교

가정법이란 문법 용어는 없지만 우리말도 내용을 반대로 표현하는 경우가 당연히 있습니다.(우리말도 가정법이 있음) 영어의 경우 동사를 한 시제 과거를 쓴다는 점이 우리말과 다릅니다.

내가 새라면(나는 새가 아님. 내용이 반대. 따라서 가정법. 우리말은 가정법이어도 시제 변화가 없음)

    If I am a bird(내가 새라면) ➡ I ≠ a bird →가정법

영어는 한 시제 전으로 동사 변화 am ➡ was (were를 주로 사용함)

따라서 "If I am a bird" 가 아니라 "If I were a bird"라고 써야함.

나는 수영할 수 있다. (반대로 말하는 게 아님. 가정법이 아님.)

    I can swim. (O)

    (나는 수영할 수 있을 텐데.) → 나는 수영을 못함. 반대로 말하고 있음. 따라서 가정법. 우리말 가정법이어도 동사에 시제 변화가 없음

    I can swim. (×)

    I could swim. (O) → 사실과 반대로 말하는 가정법이므로 동사를 한 시제 과거사용. 따라서 can이 아니라 could 사용.

내가 새였다면 → 나는 새가 아니었음. 내용이 반대이므로 가정법. 우리말은 가정법이어도 동사의 시제 변화는 없음

If I was a bird(내가 새였다면) → I ≠ a bird →가정법

영어는 한 시제 전으로 동사 변화 was → had been

따라서 내가 새였다면은 "If I was a bird" 가 아니라 "If I had been a bird"라고 써야 함.

나는 수영할 수 있었다. → 반대로 말하는 게 아님. 가정법이 아님.

I could swim. (O)

나는 수영할 수 있었을 텐데. → 나는 수영을 못했음. 반대로 말하고 있음. 따라서 가정법. 우리말은 가정법이어도 동사에 시제 변화가 없이 과거의 반대는 그냥 과거시제 사용

I could swim. (×)

I could have swum. (O) → 사실과 반대로 말하는 가정법이므로 동사를 한 시제 과거사용. 따라서 could이 아니라 could have swum사용.

현재 사실을 반대로 말할 경우 → 현재보다 한 시제 과거인 과거동사사용 → 가정법 과거

과거 사실을 반대로 말 할 경우 → 과거보다 한 시제 더 과거인 과거완료동사사용 → 가정법 과거완료

3. 조건과 가정법의 구별

조건과 가정법은 우리말로 매우 비슷해서 구분하기 매우 까다롭습니다. 하지만 조건은 반대로 말하는 것이 아니므로 시제를 바꾸지 않습니다.

If it **snows** tomorrow, we **will** build a snowman. (내일 눈이 오면, 우리는 눈사람을 만들 것이다.)
→ 눈이 내릴 가능성이 있으므로 반대로 말하는 것이 아님. 따라서 이는 가정법이 아니라 조건문, if에 미래의미가 내포되어 있어 if절에 will을 추가하지는 않음(시간 조건의 부사절)

If it **snowed** in summer, we **would** build a snowman. (여름에 눈이 오면, 우리는 눈사람을 만들텐데.)
→ 여름이라 눈이 내릴 가능성이 없으므로 반대로 말하는 것임. 따라서 가정법이고 동사 시제를 과거 사용함.

4. 의미별 가정법

1) 가정을 통해서 기분을 표현하는 방법 : if 가정법.

보통 가정을 통해 반대로 말하는 경우가 많으므로 if 가정법이 가장 흔합니다.

If I were you, I would play the piano every day. (내가 너라면, 난 매일 피아노를 칠텐데.)
If I had been you, I would have played the piano every day. (내가 너였다면, 난 매일 피아노를 쳤을텐데.)

2) 소망을 통해서 기분을 표현하는 방법 : S + wish 가정법

소망을 표현하는 wish의 경우도 사실과 반대로 말하는 경우이므로 가정법입니다.

I wish <u>you were nice to me</u>. (너가 내게 잘 해주면 좋을 텐데)
'→ I wish'부분은 사실 그대로이므로(나는 바란다) 직설법이고 시제 변형을 안 합니다. you were nice to me 부분이 반대 되는 내용을 말하고 있으므로 가정법이고 이 부분의 시제를 바꿔 줍니다. (막연하게 가정법 공식을 암기하지 말고 문장의 어느 부분이 가정법인지 정확히 파악해야 동사를 변형시킬 수 있습니다.)

I wish <u>you had been nice to me</u>. (너가 내게 잘해줬으면 좋을텐데.)

3) 시샘, 짜증 등을 이용해 기분을 표현하는 방법: as if(=as though)가정법

as if는 "마치 ~인 것처럼"이라는 뜻으로 사실과 반대로 말하고 있습니다. 따라서 가정법의 일종입니다.

She talks <u>as if she were my mother</u>. (그녀는 마치 자기가 우리 엄마인 것처럼 말한다.)
He behaves <u>as if he had heard nothing</u>. (그는 아무것도 못들었던 것처럼 행동한다.)
→ 'She talks'와 'He behaves' 부분은 직설법이고 밑줄 친 부분이 가정법임.

Unit 2 시제별 가정법

1. 가정법 과거

현재 사실을 반대로 말해서 강한 기분을 넣어 표현하는 말투를 가정법 과거라 합니다.

▶ 내용 → 현재 사실과 반대   ▶ 동사 → 과거 (현재보다 한 시제 전)

If I had much money, I would buy the car. (내가 돈이 많다면 난 그 차를 살 텐데.)
→ 내용 : 현재 돈이 많이 없음, 차 못 삼.
　형식 : (현재/과거)동사 사용하여 (현재/과거) 상황 표현

I wish I knew her name. (내가 그녀의 이름을 안다면 좋을 텐데.)
→ 내용 : (현재/과거)에 그녀의 이름을 모름
　형식 : (현재/과거)동사 사용하여 현재 상황 표현

Imagine as if you were a squirrel. (너가 다람쥐라고 상상해봐.)
→ 내용 : 너는 (현재/과거)에 다람쥐가 아니었음
　형식 : (현재/과거)동사 사용하여 (현재/과거) 상황 표현

내가 만일 구름이라면 그댈 위해 비가 되겠소. (안치환 "내가 만일")
If I were a cloud, I would be rain for you.

가정법 과거의 형태

「If + S + 과거동사/were, S + would/should/could/might + 동사원형」
「S + wish S + 과거동사」
「S + V + as if(=as though) + S + 과거동사」

▶ be 동사는 주로 were사용, 요즘은 was도 사용
▶ 조동사는 의미상 적절한 것을 사용 ('~할 텐데'의 경우 would, '~할 수 있을 텐데'의 경우 could, '~할지도 모를 텐데'의 경우 ＿＿＿ 사용)

특히 학생들이 가정법 과거 공식을 그대로 외워서 마치

「If + S + 과거동사/were, S + would/should/could/might + 동사원형」 형태의 문장만이 가정법인 줄 혼동합니다. 하지만 가정법에 반드시 if절이 있어야 하는 것은 아닙니다. 따라서 공식을 그대로 암기하면 오히려 가정법 이해에 혼란을 초래합니다.

가정법은 동사 별로 판단합니다.

If I **were** a cloud, I **would be** rain for you. → 가정법 과거 2개가 한 문장 안에 들어가 있음.
If I **were** a cloud → 첫 번째 가정법과거 사용. were를 보고 가정법 과거임을 판단

I **would** be rain for you

→ 두 번째 가정법과거 사용. will을 안 쓰고 would를 쓴 것을 보고 가정법 과거임을 판단할 수 있음

Would you know my name if I saw you in heaven?

Would you be the same if I saw you in heaven? — Tears in Heaven, Eric Clapton

(내가 천국에서 너를 보게되면, 넌 내 이름을 알까? 내가 천국에서 너를 보게되면, 넌 그대로일까?)

2. 가정법 과거완료

1) 과거 사실을 반대로 말해서 강한 기분을 넣어 표현하는 말투를 가정법 과거완료라 합니다.

▶ 내용 → 과거 사실과 반대   ▶ 동사 → 과거완료 (과거보다 한 시제 전)

If I had had much money, I would have bought the car.

(내가 돈이 많았다면 난 그 차를 샀을 텐데.)

→ 내용 : 과거 돈이 많이 없었음, 차 못 샀음.
  형식 : (현재/과거/과거완료)동사 사용하여 (현재/과거) 상황 표현

I wish I had known her name then.

(내가 그 때 그녀의 이름을 알았다면 좋을 텐데.)

→ 내용 : (현재/과거)에 그녀의 이름을 모름
  형식 : (현재/과거/과거완료)동사 사용하여 과거 상황 표현

Imagine as if you had been a squirrel.

(너가 다람쥐였다고 상상해봐.)

→ 내용 : 너는 (현재/과거)에 다람쥐가 아니었음
  형식 : (현재/과거/과거완료)동사 사용하여 (현재/과거) 상황 표현

내가 만일 구름이었다면, 그댈 위해 비가 되었을 텐데.

If I had been a cloud , I would have been rain for you.

2) 가정법 과거완료의 형태

「If + S + had p.p., S + would/should/could/might + have p.p.」

「S + wish S + had p.p.」

「S + V + as if(=as though) + S + had p.p.」

마찬가지로 학생들이 가정법 과거완료 공식을 그대로 외워서 마치 「If + S + had p.p., S + would/should/could/might + have p.p.」 형태의 문장만이 가정법과거완료인 줄 혼동합니다. 하지만 이 가정법 공식은 가정법 과거완료가 한 문장에 2개가 들어가 있는 것입니다. 가정법에 반드시 if절이 있어야 하는 것은 아닙니다.

3) 가정법은 동사 별로 판단합니다.

If I **had been** a cloud, I **would have been** rain for you.

(가정법 과거 2개가 한 문장 안에 들어가 있음.)

If I had been a cloud (첫 번째 가정법 과거완료 사용. had been을 보고 가정법 과거완료임을 판단)

I would have been rain for you(두 번째 가정법 과거완료 사용. would를 안 쓰고 would have been을 쓴 것을 보고 가정법임을 판단할 수 있음)

4) 가정법 미래

미래에 절대 안 일어날 것 같은 일을 반대로 표현할 때 쓰는 표현을 가정법 미래라 합니다. 미래 사실을 반대로 말한다 해서 이것도 가정법이라 부릅니다.

① should 가정법 : 혹시라도 ~한다면

「If + S + should + 동사원형, S + 과거형 조동사(would) / 현재형 조동사(will) + 동사원형」

If you **should** meet him, say hello to him.

(만날 가능성 적지만) 혹시라도 그를 만나면 → 미래를 반대로 이야기 하는 것이므로 이 역시 가정법이고 가정법 미래라고 부릅니다.

If the world **should** stop revolving spinning slowly down to die, I'd spend the end with you. — "if"_Bread

혹시 세상이 자전을 멈추게 되어 천천히 돌다가 멸망한다 해도, 난 당신과 종말을 보낼 겁니다. (지구의 자전이 멈춘다고 반대로 이야기 하고 있으므로 역시 가정법)

② were to 가정법 : 거의 불가능한 일을 나타낼 때

「If + S + were to + 동사원형, S + 과거조동사(would) + 동사원형」

If the sun were to rise in the west, I would not break my word.

(해가 서쪽에서 뜬다해도, 난 약속을 어기지 않을 것이다.)

If I were to be a college student again, I would major in Korean literature.

(내가 다시 대학생이 된다면, 난 국문학을 전공할 것이다.)

참고

원래 be 동사 뒤에 to부정사를 쓰면 "~할 예정이다"라는 뜻이 있습니다. (be to 용법 중에서 예정)

I am to meet him tomorrow. (나는 그를 내일 만날 예정이다.)

They are to leave for Paris next Monday. (그들은 다음 주 월요일 파리로 떠날 예정이다.)

가정법 미래 'were to 가정법'은 be to 용법에서 미래예정의 의미를 변형한 것입니다.

미래에 있을 일이라 be to 용법을 썼지만 절대 일어날 것 같지 않은 일로 표현하고 싶어서(즉, 반대로 말하고 싶어서) 'be to+동사'를 'were to+동사'로 바꾼 것입니다.

"Live as if you were to die tomorrow. Learn as if you were to live forever." — Mahatma Gandhi

(살아라, 마치 내일 죽을 것. 배워라, 마치 영원히 살것처럼.)

Unit 3 다양한 형태의 가정법

1. 혼합가정법

'과거에 ~했다면, 현재 ~일 텐데'라는 표현을 할 경우 한 문장 안에 과거시제와 현재시제가 동시에 나옵니다. 이처럼 한 문장 안에서 반대되는 과거의 의미와 현재의 의미를 동시에 표현해야 할 경우 시제가 혼합되어 있다 하여 혼합가정법이라 합니다.

If you had bought the stock, you would go broke now.
그가 그 주식을 샀더라면(과거를 반대로), 그는 지금 망해 있을텐데(현재를 반대로).

If he had not taken the money, he would be in office now.
그가 그 돈을 받지 않았더라면(과거를 반대로), 그는 지금 공직에 있을텐데(현재를 반대로)

1) 혼합가정법의 공식

`If + S + had + p.p. , S + would/should/could/might + 동사원형」

보통 혼합가정법이 가정법의 예외인 것처럼 혼합가정법의 새 공식을 외우게 합니다. 하지만 전혀 그럴 필요가 없습니다. 혼합가정법은 가정법이 혼합된 것이 아니라, 한 문장 안에 가정법 과거완료와 가정법 과거가 즉, 가정법이 2개가 존재하는 문장입니다. 다시 말하지만 가정법은 동사 별로 판단하면 공식을 전혀 암기할 필요가 없습니다.

If I had known the answer, I could have passed the test. (내가 그 정답을 알았다면, 난 그 테스트를 통과했을 텐데)
→ 이 문장을 가정법 과거완료로 된 하나의 문장이 아니라, 가정법 과거완료가 2개가 쓰인 문장. (가정법은 동사 별로 판단할 것)
If I **had known**(1번 가정법과거완료) the answer, I **could have passed**(2번 가정법과거완료) the test.

If I had known the answer, I would be a college student now. (내가 그 정답을 알았다면, 난 지금 대학생일 텐데)
→ 이 문장을 혼합가정법으로 된 하나의 문장이 아니라, 가정법 과거완료 1개와 가정법과거가 1개가 쓰인 문장이라고 생각할 것. (가정법은 동사 별로 판단할 것)
If I **had known**(1번 가정법과거완료) the answer, I **would be**(2번 가정법과거) a college student now.

If my aunt were still alive, she would have made a sweater for me.
(만일 이모가 아직도 살아계신다면, 그녀는 내게 스웨터를 만들어 주셨을텐데.)
→ if 절이 현재사실을 반대로 말하므로 가정법 과거를 사용했음. 주절은 과거사실을 반대로 말하고 있으므로 가정법 과거완료를 사용했음. 일반 영문법 교재에서 말하는 혼합가정법 공식으로 해결이 안되는 문장임.

2) 혼합가정법의 표현방법

① 과거의미 부분(~했다면) → 가정법 과거완료를 사용
② 현재의미 부분(~일 텐데) → 가정법 과거를 사용

If I **had taken** the plane then(과거의미 부분), I **would be** dead now(현재의미 부분).
(내가 그때 그 비행기를 탔다면, 나는 지금 죽어있을 텐데.)

2. 기타 가정법에서 주의할 것들

1) 가정법에서 접속사 if를 생략할 수도 있다.

→ 생략했다는 표시로 주어와 동사를 _____시킨다.

If I had studied English harder, I might have passed the entrance examination.
→ **Had I studied** English harder, I might have passed the entrance examination.

2) 『~가 없다면', '~가 아니라면'』 (다음의 네가지 형태 모두 암기할 것)

If it were not for~
= Were it not for ~
= Without ~
= But for~

물이 없다면 모든 생명체는 죽을 텐데.
If it were not for water, every living thing would die.
= Were it not for water, every living thing would die.
= Without water, every living thing would die.
= But for water, every living thing would die.
"If water were not for," 이렇게 쓰는 학생들이 많습니다. 절대 이렇게 쓰지 않도록 주의하세요.

3) 『~가 없었다면, ~가 아니었다면』 (다음의 네가지 형태 모두 암기할 것)

If it had not been for~
= Had it not been for ~
= Without ~
= But for~

물이 없었다면 모든 생명체는 죽었을 텐데.
If it had not been for water, every living thing would have died.
= Had it not been for water, every living thing would have died.
= Without water, every living thing would have died.
= But for water, every living thing would have died.
"If water had not been for," 이렇게 쓰는 학생들이 많습니다. 절대 이렇게 쓰지 않도록 주의하세요.

4) if절이 없는 가정법

앞에서 설명했듯이 가정법은 if절이 없어도 당연히 가능합니다. if가 쓰이지 않았다 해도 문장의 내용 혹은 동사를 보고 가정법임을 파악합니다.

A man of sense **would not behav**e like that. (상식이 있는 사람이라면 그렇게 행동하지 않았을텐데)

To see her dance, you **would fall** in love with her. (그녀가 춤추는 것을 보면, 너는 그녀와 사랑에 빠질텐데.)

With his help, there **would be** no problem. (그의 도움이 있으면, 아무런 문제도 없을텐데.)

In your shoes, I **would not employ** her. (너의 입장이라면, 난 그녀를 고용하지 않을텐데.)

"Without music, life **would be** a mistake." — Friedrich Nietzsche, *Twilight of the Idols*
(음악이 없으면, 인생은 실수일텐데(엉망일텐데).)

5) 가정법을 직설법으로 바꾸기(직설법을 가정법으로 바꾸기)

If I were a bird, I would fly to you.

→ 현재를 반대로 말하고 있는 가정법 과거 문장입니다.

이 문장을 '내가 새가 아니기 때문에, 나는 너에게 못 날아갈 거야'라고 바꾸면 사실 그대로 말하고 있기 때문에 직설법이라 합니다.

Because I am not a bird, I will not fly to you.

If I had been a bird, I would have flown to you. (내가 새였다면, 난 너에게 날아갔을 텐데) = Because I was not a bird, I would not fly to you. (내가 새가 아니었기 때문에, 난 너에게 날아가지 않을 거야.)

공식처럼 기계적으로 바꾸는 학생들이 많은데 우선 가정법을 직설법으로 한국어로 바꾼 후에 이를 영작하는 방식이 가장 효과적입니다.

이건 좀!!!

우리 영문법 교육에서 가정법을 직설법으로 바꾸는 훈련을 많이 시킵니다. 특히 중학교 시험에서도 출제가 많이 되고 있습니다. 누가 시작한 건지 모르겠지만 문장 바꾸기는 가장 어리석은 영어 학습 중 하나 입니다.

"내가 너라면, 난 그렇게 행동하지 않을 텐데."라는 우리말을 한국어 배우는 외국인에게 "내가 너가 아니기 때문에, 난 그렇게 행동할 거야"라고 바꾸는 훈련을 시킨다고 생각해 보세요. 위의 문장에서처럼 "내가 새가 아니었기 때문에, 난 너에게 날아가지 않을거야"라고 말하는 사람이 어디있습니까?

가정법을 직설법으로 바꾸는 것 외에도 '직접의문문을 간접의문문으로 바꾸기'등 영어 학습에 전혀 도움이 되지 않는 바꾸기를 선생님들이 많이 시키고 있습니다. 김치볶음밥을 만들었다가 김치와 밥으로 다시 분리해 내는 훈련과 전혀 다를 바가 없습니다. 그냥 가정법을 구사 하는 법을 가르치세요. 왜 자꾸 만들어진 문장을 바꾸는 훈련을 시킵니까?

6) 명령, 제안, 요구, 주장 동사에서

"S는 S가 ~V해야한다고 V한다."

이 말을 영어로 표현하면

「S + V ~ that + S + should + V ~ .」 이렇게 쓰면 됩니다.

ex) 그녀는 그가 그 일을 끝마쳐야 한다고 주장했다.
She insisted that he should finish the job.

특히 문장 앞부분에 있는 주절의 동사가 '제안, 의무, 요청, 명령, 충고' 등의 의미를 가지고 있는 경우 뒤에 나오는 that절의 동사에 '해야 한다'라는 의미가 오는 경우가 많습니다. 이 때 "should + 동사원형"을 써 주거나 should는 생략할 수 있습니다. should가 생략되면 "동사원형"만 써주면 됩니다.

She insisted that he **should finish** the job.
= She insisted that he finish the job.

should가 생략되면 동사원형을 써야 하고 절대 주절의 시제에 일치시키지 않습니다.
She insisted that he finished the job. (×)

「S + 명령/제안/충고/요구 등의 동사(order, suggest, advise, ask…) ~ that + S + (should) + 동사원형 ~ .」
She required that he (should) not visit her.
그녀는 그가 그녀를 방문해서는 안 된다고 요구했다.

My father recommended that we (should) go to the shop again.
(아버지께서 우리가 그 가게 다시 가자고(가야한다고) 추천하셨다.)

The general ordered that his soldiers (should) be ready for a terrorist ambush.
(그 장군은 그의 병사들에게 테러리스트 매복에 대비하라고 명령했다.)

→ 종속절의 동사가 '~해야한다' 혹은 '~하자'의 의미가 있을 경우 종속절에 (should +) 동사원형을 사용

종속절에 '~해야 한다'는 강제의 의미가 없을 경우
➡ 당연히 'should + 동사원형'을 쓰지 않고 의미에 맞게 동사를 쓰면 됩니다.
그 소년은 그가 그 가수를 직접 만나야 한다고 주장했다.("~해야 한다"의 의미 있는 경우)
The boy insisted that he **(should) meet** the singer in person.

그 소년은 그가 그 가수를 직접 만났다고 주장했다. ("~해야 한다"의 의미 없는 경우)
The boy insisted that he **(should) meet** the singer in person. (×)
The boy insisted that he **had met** the singer in person. (O)

그녀는 그가 바보일지도 모른다고 주장했다.
She insisted that he **should** be a fool. (×) = ⟶ **might**
She insisted that we **must** be loyal to each other. (O) (그녀는 우리가 서로에게 충실해야 한다고 주장했다.)

명령, 주장, 제안의 동사가 올 경우 'must'는 안되고 반드시 'should'가 와야한다고 잘못 알고 있는 경우가 많습니다. 하지만 '꼭 ~해야한다'의 의미일 경우 should 대신 must를 쓸 수도 있습니다.

CHAPTER 08

수동태

Listen Up!

"문장에는 주어 자리에 동작의 주체가 올 수도 있고, 동작의 대상, 즉 목적어가 주어로 변하여 올 때가 있다. 전자를 능동태라 하고 후자를 수동태라 한다."

일반 영문법 책에선 수동태를 이런 형식으로 설명합니다. 하지만 이런 사실을 모르면 우리말을 할 수 있었을까요? 우리말을 할 줄 알면 당연히 수동태를 알고 있는 것입니다. 또, 영문법 책에서 수동태를 어느 경우에 자주 사용하는 지를 설명하지만 이 역시 무의미 합니다. 우리말을 구사할 수 있다면 어느 상황이 수동태를 자주 쓰는지 모를 수가 없습니다. 영문법 교재에서 그 문법에 관한 멋진 정의를 자주 내려주지만 조금만 생각해 보면 아무 필요 없는 어처구니 없는 것들이 대다수입니다.

Unit 1 수동태의 개념과 형태

수동태의 아주 간단한 정의

"~한다." = 능동태

"~되어진다./~당한다" = 수동태

나는 그녀를 사랑한다. = I love her. (능동태)

그녀는 나에 의해 사랑 받는다. = She is loved by me. (수동태)

1. 수동태 개념 1단계: 과거분사의 의미 알기

우리는 동사의 3단 변화를 배운 적이 있습니다.

love - loved - loved (규칙 변화)

use - used - used (규칙 변화)

write - wrote - written (불규칙 변화)

학습자들이 동사의 3단 변화를 잘 암기하고 있지만 정작 3단 변화된 동사의 뜻을 모르는 경우가 허다합니다.

다음 빈칸에 알맞은 뜻을 쓰시오

love (사랑하다) - loved (사랑했다) - loved (   )

use (사용하다) - used (사용했다) - used (   )

write (쓰다) - wrote (썼다) - written (   )

세 번째 'loved'는 어떻게 해석해야 할까요? '사랑했었다'일까요?

세 번째 'used'는 '사용 되어졌다'라고 해석해야 할까요?

아닙니다. 과거분사라 부르는 세 번째 'loved'는 '사랑받는'이라고 해석해야 합니다. 마찬가지로 세 번째 'used'는 '사용되는'이라고 해석할 것이며, 'written'은 '쓰여진'이라고 해석해야 합니다. 많은 학생들이 과거분사를 "~했었다"라고 자꾸 잘못 해석합니다. 이 세 번째 동사변화를 수동의 의미를 가진 과거분사(past participle)라 합니다. '~받는', 혹은 '~되어진/ ~당한'이라는 말을 붙여 사용하면 되며 형용사처럼 사용합니다.

built 지어진 / given 주어진(받은) / stuck 갇힌 / used 사용된, 중고의 / eaten 먹혀진

2. 수동태 2단계 : 과거분사 앞에 be동사 쓰기

'행복하다'라는 말을 영어로 표현해 보세요

'행복하다'는 영어로 'happy'가 아닙니다. 'happy'는 '행복한'이라는 의미이고 앞에 '~다'라는 말을 써줘야 '행복하다'는 말이 됩니다. 영어로 '~다'는 be동사를 쓰면 됩니다. 형용사와 명사를 서술어처럼 만들어주는 특수한 동사를 be동사라 합니다.

    행복하다 : am happy / is happy / are happy

be 동사를 변형하면 여러 의미로 '행복하다'를 변형할 수 있습니다.

    행복했다 : was happy / were happy

    행복할 것이다 : will be happy

    행복할 수 있다. : can be happy

    행복해왔다 : have been happy / has been happy

    행복함 / 행복하기 : to be happy / being happy

    행복하기 위하여 : to be happy

'사랑 받는다'라는 말을 영어로 표현해 보세요

"행복하다"에서 연습한 것처럼 '사랑 받는' 이라는 말에 '~다'라는 말을 붙이면 '사랑 받는다'라는 말이 됩니다.

    사랑 받는다 : am loved / are loved / is loved (현재 수동태)

    I am loved. / You are loved. / He is loved.

이렇듯 '사랑받는' 이라는 의미의 형용사(과거분사) 앞에 '~다라는 be동사를 붙여준 말을 수동태라 합니다.
수동태를 단순히 "be + p.p."이렇게 외우지 마세요. 수동태를 공식으로 외우면 아래에 변형된 수동태도 모두 공식으로 따로 암기해야 합니다.

be동사를 변형하면 여러 의미의 수동태를 자유자재로 만들 수 있습니다.

    '사랑 받았다'(과거 수동태)

was loved / were loved

I was loved. / You were loved. / She was loved. / They were loved.

    '사랑 받아오고 있다' (현재완료수동태)

have been loved / has been loved

Kim Kwang-suk's songs have been loved over the many years.

    '사랑 받을 것이다' (미래 수동태)

will be loved

I will be loved. / You will be loved. / They will be loved.

'사랑 받을 수 있다', '사랑 받을지도 모른다' (조동사 수동태)

can be loved / may be loved

I can be loved. / They may be loved.

'사랑 받는 중이다.' (진행형 수동태)

am being loved / is being loved / are being loved

I am being loved. / It is being loved. / They are being loved.

사랑 받기 / 사랑 받기 위하여 / 사랑 받다니 (to부정사의 수동태)

to be loved

We don't have to try to be loved by everybody.

You are the man who was born to be loved.(당신은 사랑 받기 위해 태어난 사람~)

사랑 받기 / 사랑 받음 (동명사의 수동태)

being loved

다음 우리말을 영어로 바꿔보세요

사용하는/사용되는/사용된다/사용되어왔다/사용되어 올 것이다/사용되는 중이다/사용 되어지기 위하여

(노래)부르는/(노래)불려진/ 불려진다/불려졌다/불려져 왔다/불려져 올 것이다/불려져 오는 중이다/불려지기

3. 수동태 3단계 : '~에 의해서'라는 의미 붙이기

1) ~의해서 (by)

영어로 '~에 의해'라는 의미의 말을 가진 말은 'by'입니다. 따라서 수동태 문장을 보면 'by + 행위자'가 자주 나오는 것입니다. 수동태라고 꼭 'by'를 쓰는 것이 아니라 '~에 의해라는 의미가 필요한 경우 by를 쓰고 다른 전치사의 의미가 필요하면 그 의미에 해당하는 전치사를 써야 합니다.

I am loved by everybody.

2) by를 안 쓰는 경우:

수동태 문장이지만 전치사 by를 안 쓰는 경우가 많습니다. by를 쓰지 않는 경우는 수동태 문장에 by의 의미(~에 의해)가 없어서 사용하지 않는 것입니다. 제발 무작정 외우지 말고 조금만 생각하면 공부가 무척 쉽고 재미있어 집니다.

The ground was covered by him. (O) (운동장이 그에 의해 덮여졌다. 그가 뭔가를 가지고 운동장을 덮음.)

The ground was covered with leaves. (O) (운동장이 나뭇잎으로 덮여졌다.)

The ground was covered with him. (×) (어색한 문장, 운동장을 그를 가지고 덮어버림.)

The ground was covered with leaves by him. (O) (운동장이 그에 의해 나뭇잎으로 덮여졌다.)

※ 보통 be covered with를 통째로 암기하는데 무조건 with만 쓰는 게 아님

무조건 암기하지 말고 by 이외의 전치사를 쓸 경우 그 전치사의 의미를 꼭 생각해볼 것.

with : ~를 가지고, ~에 대하여

be satisfied with ~에 만족하다.
be covered with ~로 덮혀 있다.
be filled with ~로 채워져 있다.
be pleased with ~에 기뻐하다.

at : ~를 듣고서

be surprised at ~에 놀라다.
be delighted at(with) ~에 기뻐하다.
be astonished at ~에 놀라다.

about : ~에 대하여

be worried about ~에 대하여 걱정하다.
be concerned about ~에 대하여 걱정하다

of : ~로

be made of ~로 만들어지다.
be composed of ~로 구성되다.
be made from ~로부터 만들어지다.(만들어진 물건의 재료를 알 수 없을 때)
This wine was **made from good** Spanish grapes. (와인의 재료인 포도가 와인에서는 보이지 않음)
This furniture was **made of good** quality wood. (가구는 재료인 목재가 보임)

to : ~에게

be known to : ~에게 알려지다
be married to : ~와 결혼하다.(엄밀한 의미는 ~에게 시집/장가 보내지다)
in : ~에(관심의 대상)
be interested in ~에 관심 갖다.

※ 특히 known과 관련된 수동태 숙어를 공부하면 by 이외의 전치사 쓰는 상황이 잘 이해됩니다. (시험에 잘 나옴)
be known to ~에게 알려지다. be known for~로 유명하다.
be known as~로서 알려지다. be known by ~에 의해 알 수 있다.
The novelist is known to everybody in the world. (그 소설가는 세상 모든 사람들에게 알려져있다.)
The novelist is known for his first novel. (그 소설가는 그의 첫번째 소설로 유명하다.)
He is known as the anonymous novelist. (그는 익명의 소설가로서 알려져있다.)
A man is known by the company he keeps. (사람은 그가 가진 친구에 의해 알 수있다.)

Unit 2 수동태 응용

1. 능동태를 수동태로 바꾸기 1

목적어를 주어로 놓고 그에 맞게 동사를 변형하면 됩니다.

능동태 : S + V + O

수동태 : S + be + p.p. + by + N

① 문장에서 목적어('~을/를'에 해당하는 말)를 찾아봅니다. 목적어가 없으면 수동태로 바꿀 수 없습니다.

He wrote **this poem**. (목적어가 있어서 수동태 가능)

→ **This poem** was written by him.

② 목적어를 주어 자리로 보낸다.

He wrote **this poem**.

→ **This poem** was written by him. (목적어를 주어로 보냄)

③ 동사를 '~당하다'라는 표현으로 바꾼다. → 'be(~이다) + p.p.(~된/~당한)'

He wrote **this poem**.

→ **This poem** was written by him.

④ 원래 문장의 주어는 '~에 의하여'라는 표현으로 바꾼다.

He wrote **this poem**.

→ **This poem** was written by him.

이건 좀!!!

많은 영문법 책에서 능동형 문장을 수동태로 바꾸는 연습을 시킵니다. 그러나 과연 그런 훈련이 무슨 의미가 있는 것일까요? 가정법을 직설법으로 바꾸는 훈련처럼 의미 없는 학습 방법입니다. 다음의 말들을 한국어 배우는 외국인에게 시킨다고 생각해 보세요.

다음의 능동형에 해당하는 우리말을 수동태로 바꾸시오.

1. 나는 너를 사랑해.
2. 그들은 그 건물을 3년째 지어오고 있다.
3. 나는 다시는 그 음식을 먹지 않을 것이다.

정답 1. 너는 나에 의해 사랑 받는다. / 2. 그 건물은 그들에 의해 3년째 지어져 오고 있다. / 3. 그 음식은 다시는 나에 의해서 먹혀지지 않을 것이다.

이런 훈련을 한국어 배우는 외국인에게 시키시겠습니까? 능동을 수동으로 바꾸기는 아무 의미 없는 학습 방식입니다. 한국 영문법 학습은 언어 학습에 아무 도움 안 되는 바꾸기 훈련을 너무 많이 시키고 있습니다. 능동태를 수동태로 바꾸는 것이 중요한 게 아니라 수동의 의미를 바로 영어로 말 할 수 있는 능력을 길러주는 것이 중요합니다. (본 교재는 다른 이 점을 언급하고 싶어서 능동을 수동으로 바꾸기를 다뤘습니다.)

2. 능동형을 수동형으로 바꾸기 2

목적어가 없는 문장은 수동태를 만들 수가 없습니다.

➡ (자동사/타동사)는 수동태로 만들 수 없습니다.

He was disappeared five years ago. (×)

He was seemed happy then. (×)

He was looked sad. (×)

The accident was happened five years ago. (×)

The great fortune was belonged to her. (×)

It was occurred again. (×)

The committee was consisted of 5members. (×)

   cf) The committee was composed of 5 members. (○)

밑줄 그은 부분은 시험에 매우 출제가 잘 되는 부분입니다. 꼭 암기하셔야 합니다.

3. 수동태 특이사항

1) 논리적으로 어색하여 수동태를 쓰지 않는 동사.

이런 말은 우리말 에서도 수동으로 쓰지 않으니 고민하지 않아도 됩니다. (수동으로 말했을 때 의미가 어색한 경우 문법이 틀렸다고 판단하면 됨)

He has two sisters.
→ Two sisters are had by him. (×)
(두 여동생이 그에 의해 소유되었다.) → 의미가 이상함. 틀린 문장

Tony resembles his father.
→ His father is resembled by Tony. (×)
(그의 아버지는 토니에 의해 닮아졌다.) → 의미가 이상함. 틀린 문장

2) 목적어가 긴 문장의 수동태

목적어가 '접속사+주어+서술어동사'의 형태로 온경우

They believe that he is honest.
→ That he is honest is believed. → 주어가 너무 길어졌음
→ **It** is believed that he is honest. → 보통 가주어를 사용하여 표현한다.
→ He is believed to be honest.
→ He is believed that he is honest. (×)

They believe that he was honest.
→ That he was honest is believed. → 주어가 너무 길어졌음
→ **It** is believed that he was honest. → 보통 가주어를 사용하여 표현한다.
→ He is believed **to have been** honest.
→ He is believed that he was honest. (×)

3) 동사구의 수동태

두 개 이상의 단어가 모여 숙어가 되어 하나의 동사 뜻을 나타내는 경우가 있습니다. 이 경우 전체 숙어의 동사 부분을 변형시켜 수동태를 만듭니다.

She **takes care of** her baby. (take care of : 돌보다)
→ Her baby is **taken care of** by her.

A truck ran over a puppy yesterday. (run over : 치다)
→ A puppy **was run over** by a truck yesterday.

4) 목적어가 두 개인 문장의 수동태 (4형식 문장의 수동태)

4어순(4형식) 문장은 목적어가 두 개이므로 수동태는 2개 만들 수 있습니다.

Mr. Kim teaches **us** music.

→ **We** are taught music by Mr Kim. → 간접목적어가 주어로 감

→ Music is taught to us by Kim. → 직접목적어가 주어로 감

5) 목적어와 목적격 보어가 있는 문장의 수동태 (5형식)

① 5형식 문장을 수동태로 만들면 목적보어는 그대로 남습니다.

S + V + O + O.C.

➡ S + be p.p. + O.C. + by + N

We called him **a Great Korean**. (우리는 그를 위대한 한국인이라 불렀다.) → 목적보어가 명사인 경우

→ He was called **a Great Korean** by us.

The news made her **happy**. → 목적보어가 형용사인 경우

→ She was made **happy** by the news.

→ She was made **happily** by the news. (×)

② 특히 목적보어가 형용사로 쓰인 문장이 수동태로 바뀐 경우가 시험에 잘 출제 됩니다. 위의 문장에서 우리말로 '행복하게'라는 의미의 말이 들어가야 하므로 'happily'가 정답인 것 같지만 보어 자리이므로 'happy'를 써야 합니다.

He kept her **waiting** so long. (그는 그녀를 그렇게나 오래 기다리게 했다.) → 목적보어가 현재분사인 경우

→ She was kept **waiting** so long by him.

She found the window **broken**. (그녀는 창문이 깨져있는 것을 발견했다.) → 목적보어가 과거분사인 경우

→ The window was found **broken** by her.

I expected you **to come** here on time. (나는 너가 제때 올 것을 기대했다.) → 목적보어가 동사인 경우

→ You were expected **to come** here on time by me.

③ 사역동사나 지각동사로 인해 목적보어 자리에 동사원형을 사용하였지만 이 문장이 수동태로 바뀌면 동사원형인 목적보어가 to부정사 목적보어로 바뀝니다.

I'll make him **do** his homework. (나는 그가 숙제를 하도록 시킬 것이다.)

→ He will be made **to do** his homework by me.

She saw me **cross** the street. (그녀는 내가 길을 건너는 것을 봤다.)

→ I was seen **to cross** the street by her.

We overheard her **speak** ill of her friends. (우리는 그녀가 친구들을 험담하는 것을 엿들었다.)

→ She was overheard **to speak** ill of her friends.

④ 수동형으로 바뀐 문장은 더 이상 5형식 문장이 아니므로 더 이상 동사원형을 써야 할 이유가 없습니다. 따라서 to부정사를 당연히 사용한 것입니다.

⑤ 지각동사의 경우 목적보어가 본래 ~ing 형태인 문장을 수동태로 바뀌면 ~ing를 그대로 두면 됩니다.

She saw me crossing the street.

→ I was seen crossing the street by her.

We overheard her speaking ill of her friends.

→ She was overheard speaking ill of her friends.

CHAPTER 09

조동사

Listen Up!

서술어 동사에 특정한 의미를 넣어주고 싶을 때가 생깁니다. '하다'라는 동사를 예를 들면, '할 수 있다', '할 것이다', '할 지 모른다' 등 다양하게 나타낼 수 있습니다. 우리말은 동사의 끝부분(어미)을 변형시켜 다양한 뜻으로 말을 만듭니다.

그러나 어미가 발달하지 못한 영어는 이런 의미를 나타내기 위해선 동사 앞에 일정한 보조동사를 덧붙여 줍니다. 이렇게 동사 앞에 위치하여 동사에 여러 가지 의미를 첨가해 주는 보조 동사를 조동사라 합니다.

조동사의 기본문법

조동사는 다음의 세 가지 외에는 문법적으로 지켜야 할 것이 없습니다. 조동사의 뜻만 정확하게 암기하면 됩니다.

1. 조동사는 주어의 인칭과 수에 따라 형태가 변하지 않는다.
    He **cans** speak English well. (×)

2. 조동사 뒤에는 동사원형을 쓴다.
    He can **speaks** English well. (×)

3. 조동사 두 개를 연달아 사용할 수 없다.
    He **will can** speak English well someday. (×)
    → He will be able to speak English well someday. (O)

조동사와 비슷한 의미를 가진 다른 대용어를 사용합니다.

조동사 공부할 때 절대 하지 말아야 할 것!

흔히 영문법 책에서 조동사를 다음과 같은 방식으로 설명합니다.

> ex) can 가능 / 허가, may 가능 / 약한 추측, must 의무 / 강한 추측

이런 식으로 공부하면 조동사 학습이 더 어려워집니다. 조동사가 가지고 있는 뜻 외에 조동사의 분류 방식도 공부해야 하기 때문입니다. 조동사도 이런 식으로 분류하는 건 학자들이 할 일이고 학습자는 그냥 뜻만 알고 빨리 사용할 수 있으면 충분합니다. '가능의 조동사', '추측의 조동사' 이렇게 설명하지 말고 조동사가 가지고 있는 뜻을 직접 암기하세요.

can 가능: ~할 수 있다. / 허가: ~해도 된다. (가능, 허가 이런 식으로 암기하지 말고)
can 할 수 있다 / ~해도 된다. (구체적인 뜻을 직접 암기할 것)

must 당위: ~해야 한다 / 강한 추측: ~임에 틀림없다. (당위, 강한 추측 이런 식으로 암기하지 말고)
must ~해야 한다 / ~임에 틀림없다. (구체적인 뜻을 직접 암기할 것)

Unit 1 조동사 do · can · may

1. 기능을 보조해주는 조동사 do (does, did)

1) 의문문, 부정문 만들 때 사용하는 do

일반동사의 부정문, 의문문을 만들 때 보조동사 do/does/did를 사용합니다.

What did you wear at the party? (과거의 경우)
She doesn't love him anymore. (주어가 3인칭 단수이고 현재인 경우)

2) '정말로'라는 의미로 동사를 강조할 때 쓰는 do

I love her. (난 그녀를 사랑합니다.)
I **do** love her. (난 그녀를 정말로 사랑합니다.)
I **did** love her. (과거의 경우 / 난 그녀를 정말로 사랑했습니다.)
He **does** love her. (주어가 3인칭 단수인 경우 / 그는 그녀를 정말로 사랑했습니다.)

3) 앞에 나온 동사를 대신 받는 do(대동사)

대명사가 앞에 나온 명사를 받듯이 do는 앞에 나온 일반동사를 대신 받을 수 있습니다. 동사를 대신 받는다고 해서 대동사라 부르기도 합니다.

Some people **need** more money than we **do**. (몇몇 사람들은 우리가 필요로 하는 것보다 더 많은 돈이 필요하다.)

앞에 나온 be동사를 다시 받을 때에는 be동사로 받아야 합니다.(be동사의 대동사는 be동사. 시험에 자주 나오는 내용)

The bridge **was destroyed** during the war.
So (was/did) my hometown. (was destroyed의 서술어동사는 was입니다. destroyed는 형용사 역할을 합니다. 따라서 대신 받는 동사도 was를 사용합니다.)
The present moment doesn't exist in them, and therefore neither (is/does) the flow of time. 현재 순간은 그것들에 존재하지 않는다. 그리고 따라서 시간의 흐름또 또한 그렇지 않는다. → '존재하다'라는 일반동사를 대신 받는 말이므로 대동사 'does'를 사용해야 함.

2. can, could

1) ~할 수 있다

He can speak English well.
He could speak English well. (할 수 있었다.)

2) ~일 수도 있다

Anybody can make a mistake. (어느 누구도 실수할 수도 있다.)

Those things can happen any time. (그러한 일들은 언제라도 발생할 수 있다.)

3) ~해도 된다(허가 = may)

You can go there by yourself.

= You may go there by yourself.

4) 과연 ~일까?

Can it be true? (과연 그것이 사실일까?)

Can he be serious? (과연 그가 진심일까?)

5) 다음의 can은 정확히 외워주세요!

cannot = can't (~일리 없다 ↔ must ~임에 틀림없다.)

It cannot be true. (그것은 사실일 리 없다.) ↔ It must be true. (그것은 사실임에 틀림없다.)

That can't be Mary — she's in New York. (그 사람이 Mary일 리가 없어. 그녀는 뉴욕에 있는 걸.)

cannot have p.p. (~이었을 리 없다)

It cannot have been true. (그것은 사실이었을 리가 없어.) ↔ It must have been true. (그것은 사실이었음에 틀림없어.)

→ can't가 '~일리 없다'의 의미일 때 반대말은 'can'이 아니라 'must'임에 주의합니다.

6) can을 대신해서 뜰 수 있는 말

be able to + 동사원형 = be capable of ~ing

He is able to speak English well.

He is capable of speaking English well.

He was not able to(=could not) answer the question.

특히 조동사를 2개 연달아 사용할 수 없습니다. 이 때는 대용 어구가 있는 조동사를 대용 어구로 변형해 줍니다.

You will be able to start tomorrow. (can에 미래의미 가미)

You will can start tomorrow. (×)

7) cannot ~ too ~ (아무리 ~해도 지나치지 않다 / 중요한 숙어임, 꼭 암기할 것)

You cannot be too careful about choosing your spouse.

= You cannot be careful enough to choose your spouse.

 (당신은 배우자를 선택함에 있어 아무리 신중해도 지나치지 않다.)

3. may, might

1) ~해도 된다 (=can)
You may come in if you wish. (원하신다면 들어와도 좋아요.)

2) ~일지 모른다
She may be rich.
He may come to our school.
> cf) maybe 아마

3) ~하소서 (소망·기원)
May you live long! (만수무강 하소서.)
May she rest in peace. (그녀가 편히 잠들기를.)

4) may가 들어간 관용어

① **may well** : ~하는 것이 당연하다.
She may well be proud of her success.

② **may as well** : ~하는 것이 더 낫다
We may as well start today.
= We had better start today.

③ **so that ~ may** : ~하기 위해서
He studies hard so that he may pass the exam.
= He studies hard in order to pass the exam.
= He studies hard so as to pass the exam.

5) might

① ~일지 모른다
Her face is familiar. She might be one of our students.
(그녀의 얼굴이 낯익다. 그녀는 우리 학생중 한명일지도 모른다.)
She might not recognize me. (그녀는 나를 못 알아 볼지도 모른다.)

→ 보통 많은 학습자들이 might를 may의 과거로만 알고 있지만 might 자체로도 현재 의미로 사용됩니다.

② **may의 과거형**
He thought that she may be a fool. (×) → might

Unit 2 조동사 shall, will, would

1. shall

1) ~합시다 (제안할 때)

Shall we dance?

2) ~하게 해주겠어 (말하는 사람의 의지)

You shall be rich. (네가 부자가 되게 해주겠다.)
= I will make you rich.

2. will

1) ~할 것이다 (미래)

He will retire next year. (그는 내년에 은퇴할 것이다.)

2) ~하겠다 (의지)

I will do my best to win the first prize. (난 1등상을 받기 위해 최선을 다하겠다.)
She won't listen to my words. (그녀는 내 말을 들으려 하지 않는다.)

3) ~이기 마련이다 (습성, 경향)

Accidents will happen. (사고는 일어나기 마련이다.)
Boys will be boys. (애들은 애들이기 마련이다.)

3. would

1) will 보다 공손하게 부탁할 때
Would you do me a favor?

2) ~하곤 하였다 (= used to)
We would play soccer after school. = We used to play soccer after school.

3) will의 과거형(과거 상황에서 미래를 말할 때)
She **said** that she **would** visit Korea someday.

Unit 3 must, have to, should, ought to

1. must

must의 뜻은 매우 복잡합니다. 반드시 꼼꼼하게 암기해야 합니다.

1) ~해야 한다 (≒ have to)

You must go there
≒ You have to go there.

① must의 과거형(~해야 했다.) : had to

You had to go there.

➡ must는 따로 과거 표현이 없습니다. 그래서 비슷한 의미의 had to를 빌려와 사용합니다.

과거형의 부정↔ didn't have to : ~할 필요가 없었다.

You didn't have to go there.

must의 반대말: must의 반대말은 두 가지가 올 수 있습니다.

- ~하지 말아야한다: must not
- ~할 필요가 없다: don't have to = need not = don't need to

  You **must not** go there. 당신은 그 곳에 **가지 말아야 한다**.
  You **don't have to go** there.
  = You don't need to go there.
  = You need not go there. 당신은 그곳에 **갈 필요가 없다**.

② must의 미래형 : will have to (~해야 할 것이다.)

You will have to go there. (당신은 그 곳에 가야 할 것입니다.)

➡ will must라는 조동사를 연달아 사용할 수 없습니다. 따라서 will have to라는 말을 사용합니다.

2) ~임에 틀림없다

must의 '~해야 한다'는 의미는 잘 알지만 '~임에 틀림없다'는 뜻은 모르는 경우가 많습니다. 하지만 이 역시 must의 매우 중요한 의미로 자주 사용됩니다.

You must be hungry after all that walking. (그렇게 많이 걸었으니 넌 틀림없이 배가 고플 거야.)

① must의 과거형(~이었음에 틀림없다.) : must have p.p.

It must have been love, but it's over now. — 영화 *Pretty Woman*
(그것은 사랑이었음에 틀림없어, 지금 끝나버렸지만 말이야.)

② must의 반대말(~일리 없다.) : can't(cannot)

It must be true. (사실임에 틀림이 없다.)
↔ It cannot be true. (사실일 리가 없다.)

It must have been true. (사실이었음에 틀림없다.)
↔ It cannot have been true. (사실이었을 리가 없다.)

must가 '~임에 틀림없다'라는 뜻일 때에는 반대말이 'must'아니라 'can't' 임에 주의합니다.

2. should, ought to

1) ~하는게 좋겠다 / ~해야 한다 (의무·제안, 특히 도덕적으로 마땅히 해야 하는 일)

We should respect our parents.
=We ought to respect our parents.

You should see a doctor.
=You ought to see a doctor.

2) ought to 의 부정은 ought not to를 쓴다.

You ought not to use such words.

Unit 4 기타 중요 조동사

1. need

1) 일반동사 need

일반 동사 need의 경우 주어가 3인칭 단수이면 당연히 동사 뒤에 's/es'를 붙이고 부정문은 조동사 do를 이용합니다.

She **needs** to study mathematics.
She **did not need** to be told twice.
(그녀에게는 두 번 말할 필요가 없었다.)

2) 조동사 need

need가 부정문이나 의문문에서 조동사로 사용되는 경우가 있습니다. 이때는 주어가 3인칭 단수라도 's/es'를 붙이지 않습니다. 의문문에서도 need를 조동사로 이용하여 의문문을 만듭니다.

She **need not** study mathematics. (O)
She **needs not** study mathematics. (×)
She does not need to study mathematics. (O) → need를 일반동사로 사용함

2. used to

1) ~하곤 했다.(= would)

I used to eat meat, but now I'm a vegetarian. (=would) (난 고기를 먹곤했다. 하지만 지금은 채식주의자이다.)

2) ~이었었다. (과거의 상태, would를 쓰지 않는다.)

There used to be a big shopping mall here. (여기에 예전에 큰 쇼핑몰이 있었다.)
There would be a big shopping mall here. (×) → would는 '~이었었다'의 의미는 없음

3. had better , would rather

1) had better : ~하는 게 더 낫다.

You had better attend the meeting. (너는 그 모임에 참여하는게 낫겠다.)
You'd better hurry up now, or you will miss the train.
(너는 서두르는게 좋겠다. 그렇지 않으면 너는 기차를 놓칠 것이다.)

2) would rather (=~하는 것이 더 좋다)

You would rather eat the fruit. (너는 차라리 과일을 먹는게 낫겠다.)

would rather A than B : B하느니 A하겠다.

I would rather stay at home than go out. (난 밖에 나가느니 차라리 집에 있겠다.)

3) 부정형

You **had better not** attend the meeting.

You **had not better** attend the meeting. (×)

I would rather not stay at home. It will be boring.

I would not rather stay at home. (×)

Unit 5 조동사 + have + p.p.

➡ 조동사에 과거에 대한 후회 감정 넣기

have p.p.는 단독으로 쓰이면 현재완료로 사용되고 네 가지 뜻이 있다는 것을 배웠습니다.

Have you ever **seen** the movie before? (너 그 영화를 본 적 있니?)

I **have taught** English for 5 years in middle school. (나는 중학교에서 영어를 5년째 가르쳐오고 있다.)

have p.p.와 다른 말의 결합 : have p.p.는 다른 말과 결합하면 한 시제 과거의미를 나타냅니다.

① to부정사와 결합 : to have + p.p.

She seems to be rich.
= It seems that she is rich. (그녀는 부자인 것처럼 보인다.)

She seems to have been rich.
= It seems that she was rich. (그녀는 부자였던 것처럼 보인다.)

② ~ing와 결합: having + p.p.

Meeting her, he will tell her the truth.
= When he meets her, he will tell her the truth.
(그녀를 만날 때, 그는 그녀에게 그 사실을 말할 것이다.)

Having met her before, he **can recognize** her.
= As he **met** her before, he **can recognize** her.
(그녀를 전에 봤기 때문에, 그는 그녀를 알아볼 수 있다.)

조동사와 결합 : 조동사 + have + p.p.

① should have + p.p. : ~했어야 했다 (하지 못했음)
② should not have + p.p. : ~하지 말았어야 했다 (해버렸음)
③ must have + p.p. : ~이었음에 틀림없다.
④ cannot have + p.p. : ~이었을 리 없다
⑤ may have + p.p. ≒ might have + p.p. : ~이었을지 모른다
⑥ need not have + p.p. : ~할 필요가 없었다

We should have finished our job before. (우리는 우리의 일을 전에 끝냈어야 했다.)
You should not have believed his words. (너는 그런 말을 사용하지 말았어야 했다.)
She must have been out of her mind. (그녀는 제정신이 아니었음에 틀림없다.)
The crying baby might have been asleep. (그 우는 아기는 잠들었을지도 모른다.)
The boy cannot have committed such a mean deed. (그 소년은 그렇게 비열한 행동을 했을리가 없다.)
You need not have met her. (너는 그녀를 만날 필요가 없었다.)

준동사

서술어 아닌 동사변화

영어의 동사는 두 가지로 나뉩니다.

첫째, 문장에서 서술어 역할을 하는 서술어동사가 있습니다. 서술어동사는 동사의 끝이 '~다'라고 해석이 됩니다. (하다, 할 것이다, 하는 중이다, 할 수 있다, 했다, 해오고 있다.) 흔히 문법책에서 배우는 동사의 수의 일치, 수동태, 시제, 조동사, 가정법 등이 서술어동사 변화의 예들입니다.

두 번째로 동사가 변하여 문장에서 명사, 형용사, 부사 역할을 하는 경우가 있는데 이를 영문법 용어로 준동사라 합니다. 준동사는 동사의 끝이 '~하기', '~하는', '~되어진', '~할', '~하기 위해', '~하다니' 등으로 해석이 됩니다. 문법책에서 배우는 부정사, 동명사, 분사라는 것들 것 준동사의 예입니다.

    I always wanted to be a great scientist like Einstein.

➡ 'wanted' 서술어동사, 'to be' 준동사(부정사)

앞으로 펼쳐질 세 개의 챕터에서는 서술어 아닌 동사변화, 즉 준동사에 대해서 공부합니다. 부정사, 동명사, 분사가 바로 그것들입니다.

영어의 준동사 변화는 동사 앞에 to를 붙이거나 동사 끝에 ~ing나 ~ed를 붙이는게 전부입니다. 너무나 간단하여 하루 만에 배울 수도 있습니다. 우리말에서 보이는 동사변화의 오묘함은 찾아볼 수 없습니다. '가기', '갈', '가기 위해', '가다니', '간다면', '가서' 등등의 의미를 'to go' 하나로 다 쓸 수 있으니 얼마나 심플합니까?

Section 3.
동사 변형하기2
(서술어 아닌 동사 변화)

Chapter 10__ 서술어 아닌 동사1   부정사
Chapter 11__ 서술어 아닌 동사2   동명사
Chapter 12__ 서술어 아닌 동사3   분사

CHAPTER 10

부정사

우리말 '가다'라는 동사는 '가기', '가기 위하여', '갈', '가다니', '가기엔', '갈 정도로' 등으로 변형하여 다양하게 표현할 수 있습니다. 놀랍게도 영어는 이 많은 뜻을 동사 앞에 'to'라는 말만 붙여 표현할 수 있습니다. '가기'도 'to go', '가다니'도 'to go', '갈'도 'to go', '가기엔'도 'to go' '갈 정도로'도 'to go'로 표현할 수 있습니다. 동사 앞에 고작 to를 붙이는 게 전부이다 보니 'to go'만 봐선 정확한 뜻을 알 수 없습니다. 문장에서 'to go'가 어떤 위치에서 어떤 단어들과 어울렸는지를 봐야 정확한 뜻을 알 수 있습니다.

I want to go. ('to go'가 want 뒤에 위치했기 때문에 '가는 것'이라고 해석합니다.

To go to school, I wake up early in the morning. ('to go'가 문장 맨앞에 쓰였고 주어의 위치도 아니기 때문에 '가기위해' 라고 해석합니다.)

즉, 'to go'가 어느 위치에 쓰였고, 어느 단어와 어울렸는지에 따라 의미가 바뀌는 형태를 취하고 있습니다.

이렇게 'to+ 동사'의 뜻을 미리 정하지 않고 상황에 따라 의미를 변형해서 해석하는 말을 부정사라 합니다. 한자어로 부정사(不定詞, Infinitive)는 뜻 혹은 품사를 미리 정할 수 없다는 의미입니다. 뭔가를 부정하는 말이 절대 아닙니다. 하지만 어감이 부정하는 말처럼 들리기 때문에 학습자들이 매우 고생하는 파트입니다. 대명사 편에 나오는 부정대명사라는 표현도 부정하는 대명사가 아니라 정하지 않은 막연한 대상을 지칭하는 대명사라는 뜻입니다.

동사변화 비교

		한국어	English
읽다	원형	읽다	read
	이름 붙이기	읽기	reading/to read
	수식어로 만들기	읽을	to read
	수식 혹은 진행 의미	읽는, 읽는 중인	reading
	목적 의미 부여	읽기 위해	to read
	원인 의미 부여	읽어서	to read
	정도 의미 부여	읽기에	to read
	판단 의미 부여	읽다니	to read

→ 영어는 to, ~ing 를 이용하여 많은 동사변화를 만들어 냅니다.

부정사 공부하는 법!

일반 영문법 교재에서는 부정사를 명사적 용법, 형용사적 용법, 부사적 용법으로 분류하고 문장에서 이 세 가지 용법 중 무엇으로 쓰였는지를 주로 훈련을 시킵니다. 하지만 to부정사가 명사, 형용사, 부사인지 구분하는 것은 모두가 인정하는 최악의 영어학습법입니다.

I raised money **to buy** a new house. (난 새 집을 사기 위해 돈을 모았다.)

➡ 일반 한국식 영문법 교육 : 'to buy'가 '사기위해'라는 의미를 가지고 있고, '사기위해'는 '모았다'라는 동사를 꾸며주고 있기 때문에 부사이고 따라서 to buy는 부사적 용법으로 쓰였다고 가르침.

그냥 'to buy'가 '사기위해'라는 뜻을 가지고 있다는 것만 알려줘도 될 텐데 품사 구별하느라 많은 시간과 에너지를 허비합니다. "나는 널 다시 만날 것을 바라고 있어." 라는 우리말에서 **'만날 것을'**이 '바라고 있어'의 목적어 자리에 와 있으니 '명사적 용법이다'라고 한국어 공부하는 외국인한테 가르칠 것인가요?

절대 이런 식으로 가르치거나 공부해선 안 됩니다. 하지만 모든 영문법 책이 이런 품사 분류식으로 써져 있어서 학교나 학원에서 이렇게 가르칩니다.

부정사는 의미가 다양한 단어라고 생각하고 뜻을 외우면 됩니다. 뜻을 외우면 되지 절대 이것이 명사인지, 형용사인지, 부사인지 구별하면 안 됩니다. (동사 앞에 붙이는 'to'가 '~하기, ~할, ~하다니, ~하기 위해, ~할 정도로, ~하기엔, ~하면 등등'의 뜻을 가지고 있고 이를 정확히 암기할 것.) 뜻을 외우면서 부정사가 어느 단어와 어울렸을 때(어순) 그런 뜻을 가지는지를 공부합니다. 그러기 위해선 간단한 예를 외우는 것이 가장 좋습니다.

I like to eat chicken. (치킨 먹는 것)
I need chicken to eat. (먹을 치킨)
To eat chicken, I visited a restaurant. (치킨 먹기 위해)
It is too late to eat chicken. (치킨 먹기엔 너무 늦었다.)

➡ to eat의 의미를 정확히 외우고 간단한 예를 외워 어순을 암기하면 부정사 공부는 끝!

Unit 1 to부정사의 의미

1. 부정사의 의미 1 : ~하기/ ~하는 것 (소위 명사적 용법)

1) '~하기, ~하는 것'

to부정사는 '~하기, ~하는 것'이라는 의미로 해석됩니다. 이는 동작에 이름을 붙인 것이므로 이를 명사적 용법이라 합니다.(하지 말아야 할 한국식 영어 학습법) 나중에 배울 동명사도 '~하기, ~하는 것'이라고 해석되는 말입니다. 따라서 '~하기, ~하는 것'이라고 해석되는 to부정사는 동명사로 바꿀 수 있는 경우가 많습니다. 하지만 to부정사(~할 것/미래느낌)와 동명사(~한 것/ 과거 느낌)는 의미가 약간 달라서 **모든 to부정사를 동명사로 바꿀 수 있는 것은 아닙니다.**

2) to부정사의 위치

우리말과 똑같이 주어, 목적어, 보어 자리에 to부정사가 오면 '~하는 것, ~하기'라고 해석하면 됩니다. (따로 외울 필요 없이 당연한 원리입니다.)

① 부정사가 주어자리에 오는 경우 : ~하는 것은

　To change the policy is the only way to overcome the situation.
　(정책을 바꾸는 것이 그 상황을 극복할 유일한 방법이다.)

② 부정사가 보어자리에 오는 경우 : ~하는 것이다

　Their original plan was **to follow the rules**. (원래 계획은 규칙을 따른 것이다.) → 주격보어
　He allowed me **to stay** with him. (그는 내가 그와 머무는 것을 허락했다.) → 목적격보어

③ 부정사가 목적어자리에 오는 경우

　She wanted **to sing** a song with him. (그녀는 그와 노래할 것을 원했다.)
　He decided **to major** in psychology. (그는 심리학을 전공할 것을 결심했다.)

　※ to부정사를 목적어로 쓰는 동사

　; '~하는 것을'이라는 의미를 쓸 때 to부정사 혹은 '~ing'동명사 둘 다 사용할 수 있습니다.
　I like walking after dinner. (O)
　I like to walk after dinner. (O)

하지만 동명사와 to부정사는 약간의 의미의 차이가 있습니다. 따라서 다음에 오는 동사들 뒤에 '~하는 것을'이라는 의미의 말을 쓸 때에는 반드시 to동사를 사용합니다. → 주로 미래의 의미('~할 것'이라는 의미를 붙여야 될 경우)

　hope, want, plan, refuse, wish, desire, expect, decide, intend, promise, agree, fail, propose + to동사
　He hoped **to visit** the island someday.(O)
　He hoped **visiting** the island someday.(X)
　그는 언젠가 그 섬을 다시 **방문할 것**을 희망한다. (미래에 방문할 것)

You can't expect to learn a foreign language in a few months. (O)
You can't expect learning a foreign language in a few months. (×)

cf) '목적'(~하기 위하여)과 '목적어'(~하기를, ~라는 것을)를 혼동해선 안 됩니다.
She stopped **to listen** to the music. (그녀는 음악을 듣기 위해 멈췄다.) → 목적
She stopped **listening** the music. (그녀는 음악을 듣는 것을 멈췄다.) → 목적어

④ 가주어 it

to부정사를 주어로 쓸 경우 가짜 주어(가주어) it을 사용하여 이를 대신할 수 있습니다.

To believe his words was not easy.
= **It** was not easy **to believe his words**.
I realize, of course, that **it**'s no shame **to be poor**. But it's no great honor, either. ─ (지붕 위의 바이올린) – Fiddler on the Roof (1971) (사실 가난은 수치가 아니다. 그러나 결코 대단한 명예도 아니다.)

가주어는 it만 사용합니다. → this나 that을 가주어 자리에 넣어 학생들을 혼동시키는 문법 문제가 가끔 출제되니 주의하세요.
This is very easy to learn English. (×)

John is good at **to play** soccer. (×) ➡ John is good at **playing** soccer. (O)
→ 전치사 뒤에는 to동사를 쓰지 않고 동명사를 사용합니다.

⑤ 의문사 + to부정사 : to동사에 의문사 의미 넣기

what to + R : 무엇을 ~해야 할 지
ex) what to eat

who(m) to + R : 누구를(누구와)~해야 할 지
ex) who(m) to play with

how to + R : 어떻게 ~해야 할 지
ex) how to go there

when to + R : 언제 ~해야 할 지
ex) when to sleep

where to + R : 어디에서 ~해야 할 지
ex) where to go

which to + R : 어느 것을 ~해야 할 지
ex) which to choose

2. 부정사의 의미2 : ~할 (소위 형용사적 용법)

to부정사를 명사 뒤에 두어 앞에 있는 명사를 꾸며줄 수 있습니다. 명사를 꾸며 준다 해서 이를 부정사의 형용사적 용법이라 부릅니다.

① 명사 + to동사

I have **a book to read.**

Find me **somebody to love.** — Queen, *Somebody to Love* (사랑할 누군가를 찾아주세요.)

② 명사 + to동사 + 전치사

I have few **friends to rely on**. (난 의존할 친구가 거의 없다.)

I have many **letters to write**. (써야 할 편지)

I need a piece of **paper to write on**. (쓸 종이)

I need **a pen to write with**. (쓸 펜)

to부정사 뒤에 전치사를 추가할지 말지 수식받는 명사를 to부정사 뒤에 넣어보면 판단 가능합니다. (부정사의 수식받는 명사가 동시에 목적어 역할을 하고 있음)

I rely on a friend. (O) / I rely a friend. (×)

a friend to rely on (O) / a friend to rely (×)

a pen to write with (쓸 펜)

I write a letter with **a pen**. (O) / I write a letter a pen. (×)

"These woods are lovely, dark and deep, (이 숲은 사랑스럽고, 어둡고, 깊다.)

But I have **promises to keep**, (하지만 난 지켜야 할 약속이 있다.)

And **miles to go** before I sleep, (그리고 내가 잠들기 전에 가야할 길이 있다.)

And **miles to go** before I sleep." (그리고 내가 잠들기 전에 가야할 길이 있다)

— Robert Frost, *Stopping by Woods on a Snowy Evening*

"If you judge people, you have **no time to love** them." — Mother Teresa
(만일 당신이 사람들을 평가하려 한다면, 당신은 그들을 사랑할 시간이 없게된다.)

3. 부정사의 의미3

: ~할 예정이다/ ~해야 한다/ ~할 운명이다 / ~할 수 있다 / ~하려고 하다 (소위 형용사적 용법 중 be to 용법)
to부정사가 be 동사 뒤에 쓰이면 다양한 의미로 쓰입니다. be동사 뒤에 쓰였다 해서 이를 be to용법이라 부르기도 합니다.

The president **is to deliver** a speech tonight. (대통령이 오늘밤 연설할 예정이다.) → ~할 예정이다 / 예정, 약속
be going to(~할 예정이다) 에서 going이 빠졌다고 생각하시면 이해하기 편합니다.

You **are to finish** your homework by ten. (너는 숙제를 열시까지 끝내야한다.) → ~해야 한다 / 의무
be supposed to(~해야 한다)에서 supposed가 빠졌다고 생각하세요.

Nothing **was to be seen** on the street. (길거리에 아무것도 보이지 않았다.(볼 수없었다.)) → ~할 수 있다 / 가능
If you **are to take** the train, you must get up early. (만약 당신이 그 기차를 타려한다면, 당신은 일찍 일어나야 한다.)
→ ~하려고 하다 / 의도

The two brothers **were to meet** in the battle. (그 두 형제는 전쟁터에서 만날 운명이었다.) → ~할 운명이다 / 운명
be destined to(~할 운명이다)에서 'destined'가 빠졌다고 생각할 것!

➡ **be to 용법의 부정사도 뜻을 정확히 암기 할 것!**

다음 우리말을 영어로 바꾸시오

1. 학교 가기 :
2. 치킨 먹기 :
3. 한강에서 수영하기 :
4. 살 집 :
5. 놀 친구 :
6. 다시 만날 계획 :
7. 의사가 되기 :
8. 숙제를 끝내기 :
9. 너에게 줄 무언가 :
10. 점심 먹을 시간 :

4. to부정사의 의미4 : ~하기 위하여 (소위 부정사의 부사적 용법 중 목적)

to부정사는 의미 한 개씩 꼼꼼하게 외워줘야 합니다. 'to'가 '~하기 위하여'라는 의미를 가지는 경우 다음 말들로 바꿔 쓸 수 있습니다.

He studies English hard **to visit** England.
= He studies English hard **so as to** visit England.
= He studies English hard **in order to** visit England.
= He studies English hard **so that** he **may(can)** visit England.
= He studies English hard in **order that** he **may(can)** visit England.

I just called **to say** I love you. (내가 당신을 사랑한다고 말하기 위해 그냥 전화했어요.)
I just called **to say** how much I care. — Stevie Wonder
(내가 당신을 얼마나 아끼는지 말하기 위해 그냥 전화해 봤어요.)

"We read **to know** we're not alone." — William Nicholson, Shadowlands
(우리는 우리가 혼자가 아니라는 사실을 알기위해 독서를 한다.)

5. to부정사의 의미 5 : (~해서) 그 결과 ~하다 부사적용법의 결과

He awoke **to find** himself lost. (그는 깨어나서 그가 길을 잃었다는 것을 알게되었다.)
Messi grew up **to be** a great soccer player. (Messi는 자라나서 위대한 축구선수가 되었다.)
Ronaldo did his best, **only to lose** the Championship.
(Ronaldo는 최선을 다했지만 결국 챔피온쉽에서 지고 말았다.)

➡ only + to R : 결국 ~하고 말다.

"If you live **to be** a hundred, I want to live to be a hundred minus one day so I never have to live without you." — Joan Powers, *Pooh's Little Instruction Book*
(당신이 **살아서 100살이 된다면**(100살이 되도록 산다면), 난 당신 없이 살지 않기 위해 100살에서 하루 모자라게 살고 싶습니다.)

6. to부정사의 의미 6 : ~해서 (부사적 용법 중 원인 / 감정)

어순 : **형용사 + to부정사** (형용사 뒤에서 사용)

I am surprised **to meet** you here. (난 당신을 여기에서 만나게 되어 놀랐다.)

She was quite disappointed **to know** that her cat had gone.
(그녀는 고양이가 사라져버렸다는 것을 알게되어 매우 실망했다.)

> **다음 우리말을 영어로 바꾸시오. (부정사이용)**
>
> 1. 결국 버스를 놓치고 말다. :
> 2. 결국 강아지를 잃어버리다. :
> 3. 넘어져서 부끄러운 :
> 4. 만나서 행복한 :
> 5. 치킨을 먹어서 배부른 :
> 6. 엄마를 실망시키고 말다 :

7. to부정사의 의미 7 : ~하면 (부사적 용법 중 조건)

I would be glad **to be** with you. → 이 문장은 would를 보면 가정법 문장임을 알 수 있음.
= I would be glad, if I were with you. (당신과 함께한다면 기쁠텐데.)

To turn to the left, you will see the building.
= If you turn to the left, you will see the building.

8. to부정사의 의미 8 : ~하다니(부사적 용법의 이유, 판단의 근거) /

어순 : 형용사 + to부정사 (형용사 뒤에서 사용)

She must be **crazy to say** so. (그렇게 말하다니 그녀는 미쳤음에 틀림없다.)
They might not be **angry to accept** the offer. (그 제의를 받아들이다니 그들은 화가 안났을지도 모른다.)

9. to부정사의 의미 9 : ~하기에 (소위 부사적 용법의 정도)

어순 : 형용사 + to부정사 (형용사 뒤에서 사용)
(보통 too와 하나의 어구가 되어 자주 사용)

too ~ to + R = so ~ that ~ can't : ~하기에 너무 ~한 = 너무 ~해서 ~할 수 없다

You are too young to know what love is. (당신은 사랑을 알기에 너무 어리다.)
= You are so young that you can't know what love is.

This book was too difficult for her to read through. (이 책은 그녀가 다 읽기에 너무 어렵다.)
= This book was so difficult that she couldn't read it though.

You're just **too good to be true**
Can't take my eyes off you
— Morten Harket Can't take my eyes off you
(그대는 너무 좋아 사실 같지가 않아요. 그대에게서 눈을 뗄 수가 없군요)

'too'는 '~너무 ~한'이라는 의미로 우리말과는 달리 부정의 의미를 가집니다. (우리말은 '너무'라는 말에 부정어라고 하지는 않습니다.) 반면 'so'는 '매우'라는 의미로 긍정의 의미를 가집니다. 따라서 'too'를 'so'로 바꿀 경우 'so'뒤에 나오는 절에 부정어를 붙여야 합니다.

다음 우리말을 영어로 바꾸시오

1. 너무 커서 베어 먹을 수 없는 :
2. 너무 어려워 이해할 수 없는 :
3. 읽기에 너무 작은 :
4. 잠자기에 너무 추운 :
5. 가까이 하기엔 너무 먼
6. 가기에 너무 먼
7. 당신은 커피 맛을 알기엔 너무 어려.
8. 먹기에 너무 딱딱한 :
9. 들기에 무거운 :
10. 만지기에 너무 뜨거운 :

never too ~ to R = not too ~ to R

: ~ 못할 정도로 결코~하지 않은

It's never too late to change. 바꾸기엔 절대 늦지 않다.

"It is never too late to be what you might have been."
― George Eliot
(당신이 될지도 몰랐던 사람(되고 싶었던 사람)이 되기엔 절대 늦지 않다.)

enough to R : ~하기에 충분히 ~하다.

We didn't have enough water to drink.

She is (old enough / enough old) to understand love.
→ enough가 형용사나 부사를 수식할 때에는 반드시 뒤에서 수식

10. 부정사의 의미

1) 숙어처럼 사용하는 to부정사

To tell the truth, I am your father. : 사실을 말 하건대
To do him justice, he is a man of ability. 그를 판단하건데, 그는 능력자다.(~를 판단하건데)
so to speak : 소위, 말하자면
to begin with : 우선, 시작하자면
strange to say : 말하기 이상하지만
not to speak of : ~는 말할 것도 없이
to make matters worse : 엎친 데 덮친 격으로
to be sure : 확실히
to make a long story short : 짧게 말하자면

2) 명사와 같이 쓰는 부정사

ability to +R ~할 능력 /chance to +R ~할 기회/ need to +R ~할 필요성
/ effort to +R ~할 노력/ opportunity to +R ~할 기회/ way to +R~할 방법 / time to +R ~할 때 /plan to +R ~할 계획

> **ex)** ability speaking English (×) / ability to speak English (○)
> opportunity meeting him (×) / opportunity to meet him (○)
> need studying English (×) / need to study English (○)

3) 형용사와 같이 쓰는 부정사

be likely to + R ~하기 쉽다/~할 가능성이 있다.
be able to + R ~할 수 있다.
be eager to + R 열렬히 ~하려 하다
be anxious to + R 열렬히 ~하려 하다
be about to + R 막 ~하려 하다.
be willing to + R 기꺼이 ~하다.

They also may **be** more **likely to** have heart disease.
(그들은 심장질환에 걸릴 가능성 또한 더 많은 듯하다.)

He is about to leave his hometown.

Unit 2 부정사의 시제와 주어

1. to부정사에 과거 의미 넣기

1) to + R : ~임, ~할 거임

→ to부정사를 그대로 쓰면 문장의 서술어동사와 시제가 같거나 미래를 의미합니다.

She seems to be rich. =It seems that she is rich. (지금) 그녀는 부자로 보인다.

She seemed to be rich. =It seemed that she was rich. (과거에) 그녀는 부자로 보였다.

I believe him to tell the truth. =I believe that he will tell the truth. 난 그가 (미래에)사실을 말해 줄 것이라 믿는다.

2) to + have + p.p : ~였음

→ 과거의미 to부정사 (영문법 용어로 완료부정사) / 문장의 서술어동사보다 한 시제 더 과거를 의미

She seems to have been rich. = It seems that she was rich. 그녀는 (과거에) **부자였던** 것처럼 (현재)**보인다**.

She seemed to have been rich. = It seemed that she had been rich. 그녀는 (더 이전 과거에) **부자였었던** 것처럼 (과거에) **보였다**.

사랑함 to love / 사랑했음 to have loved

먹음 to eat / 먹었음 to have eaten

다음 우리 말을 영어로 바꿔보세요

1. 가기 to go / 가버렸음 _____
2. 쓰기 to write / 썼음 _____
3. 행복하기 to be happy / 행복했음 _____
4. 수영하기 to swim / 수영했음 _____
5. 만나기 to meet / 만났음 _____

QUIZ!

2. to부정사의 주어

1) 우리말과 달리 영어는 동사에 따라 주어를 다르게 표현합니다.

그녀가 영어를 공부했다. / **She** studied English.

그녀가 영어를 공부할 것이다. / **She** will study English.

그녀가 영어를 공부하는 중이다. / **She** is studying English.

그녀가 영어를 공부하기 위하여 / **She** to study English (×)

그녀가 영어를 공부하다니 / **She** to study English (×)

우리말은 동사가 어떤 형태를 취하든 상관없이 주어는 변하지 않습니다. '공부했다', '공부할 것이다', '공부하다니', '공부하기 위해' 모든 동사의 주어를 '그녀가'라는 같은 주어를 사용합니다.

영어는 우리말과 달리 일반 서술어동사('~다'라고 해석 되는 동사)에 쓰는 주어(she, he, they, I 등등 우리가 알고 있는 일반 주어)와 부정사나 동명사에 쓰는 주어가 따로 있습니다. 부정사나 동명사에 쓰는 주어를 문법 용어로 의미상의 주어라 합니다.

We met again. (우리가 다시 만났다.)

우리가 다시 만나기 위해 / we to meet again (×) → to meet은 부정사이므로, 일반 주어 we를 쓰지 않고 특별한 주어를 씁니다.

2) to부정사의 주어는 앞에 'for+목적어'의 형태를 취합니다.

우리가 다시 만나기 위해 → **for us** to meet again

그가 책을 읽다니 → **for him** to read books

절대 "he to read books" 이렇게 쓰지 않습니다.

I think it difficult **for him to solve** the problem. (난 그가 그 문제를 푸는 것은 어렵다고 생각한다.)

His love letter was hard **for her to understand**. (그의 연애편지는 그녀가 이해하기에 어려웠다.)

cf) 동명사의 주어를 표현하고 싶을 때엔 동명사 앞에 소유격이나 목적격을 사용합니다. 동명사 편에서 설명 드립니다.

그녀가 공부하기 / she studying (×) / her studying (○)

그가 노래하기 / he singing (×) / his singing (○) / him singing (○)

> **다음의 우리말을 영어로 바꾸세요**
>
> 1. 그는 수영했다.
> 2. 그가 수영하기 위하여
> 3. 그 추운 날씨에 그가 수영하다니
> 4. 그녀가 마시기엔
> 5. 그녀가 마시기엔 너무 뜨거운
> 6. 그 커피는 그녀가 마시기엔 너무 뜨겁다.

일반 영문법 책에선 보통 의미상의 주어를 쓰는 경우와 쓰지 않는 경우를 나누어 설명합니다. to부정사의 주체가 일반인인 경우 혹은 문장의 주어와 의미상의 주어가 일치하는 경우 의미상의 주어를 안 쓴다고 합니다. 하지만 우리말에도 이런 상황에서 따로 주어를 쓰지 않습니다.(전형적인 몰라도 되는 것을 공부시키는 한국식 영문법의 예입니다.) 그냥 부정사는 구체적인 주어를 'for+목적어'를 써서 표현한다는 사실만 알고 있으면 되겠습니다.

의미상의 주어를 따로 쓰지 않는 경우 ➡ 의미상 주어가 일반인인 경우

It is not easy **to speak English fluently**.
→ 의미상의 주어가 일반인이라 to speak 앞에 의미상의 주어를 넣지 않음

It is not easy for us **to speak English fluently**. (우리가 **영어를 유창하게 말하는 것**은 쉽지 않다.)
→ 의미상의 주어를 붙여도 상관없음.
(우리가) 영어를 유창하게 말하는 것은 쉽지 않다. → 우리말도 일반인이 주체가 되는 경우 써도 되고 안 써도 됨

3) 부정사 앞에 사람의 성질을 나타내는 형용사(good, bad, kind, wise, clever, stupid, silly, polite, considerate, cruel, rude, generous 등)가 올 경우 to부정사의 주어는 앞에 'of+목적어'의 형태를 취합니다. (이는 예외적인 것이고 원칙인 'for+목적어'부터 확실히 공부할 것)

It was nice **for him to sing** a song for his fans in the street. (×)
→ nice가 사람의 성질을 나타내는 형용사이므로 'for him'이 'of him'이 되어야 함.

It is very kind **of you** to say so. (O)

It is very kind **for you** to say so. (×)

It was careless **of us** to believe his words. (우리가 그의 말을 믿는 것은 부주의했다.)

It was careless **for us** to believe his words. (×)

4) 5형식 문장에서 의미상의 주어

to부정사의 주어를 'for+목적격'을 사용하지 않고 그냥 목적어만 사용하는 경우가 있습니다. 이런 문장을 5형식이라 합니다.

My parents wanted **for me to stay** one more day. (×)

My parents wanted **me to stay** one more day. (O) (부모님은 내가 하루 더 머물기를 원하셨다.)

Insulin enables **for the body to use and store** sugar. (×)

Insulin enables **the body to use and store** sugar. (O) (인슐린은 몸이 당을 쓰거나 저장하도록 해준다.)

3. 수동의 의미의 to부정사 (~되기 / ~당하기)

~하기(능동형태) : to R

~당하기(수동형태) : to be p.p.

~당했음(완료수동형태) : to have been p.p.

수동태에서 설명했듯이 과거분사를 형용사처럼 생각하면 쉽게 수동형 부정사를 만들 수 있습니다.

행복한 = happy / 행복하다 = am happy, are happy, is happy

행복하기 to be happy, being happy / 행복하기 위해 to be happy / 행복하다니 to be happy

사랑하다 love / 사랑 받는 loved

사랑 받는다 am loved, are loved, is loved

사랑 받기 to be loved, being loved

사랑 받기 위해 to be loved / 사랑 받다니 to be loved

사랑 받았음 : to have been loved (과거의미 수동 부정사)

쓰기 : to write / 쓰여 지기 to be written / 쓰여 지기 위해 to be written

쓰여 졌음 : to have been written

QUIZ!

다음을 영어로 표현하시오

1. 그들이 치킨 먹는 것 : _____
2. 닭들이 길러지는 것 : _____
3. 잡히기 : _____
4. 이용되기 : _____
5. 만들어졌음 : _____
6. 들려짐 : _____
7. 노래불려졌음 : _____
8. 읽혀짐 : _____
9. 고려하기 : _____
10. 고려되어지기 : _____

"Life is to **be enjoyed, not endured**" — Gordon B. Hinckley

(인생은 즐겨지기 위한 것이지 인내되기 위한 것은 아니다.)

※ 시험에서 능동형 to부정사와 수동형 to부정사 둘 중 고르라는 문제가 자주 나옵니다. to부정사의 주체(소위 의미상의 주어)를 찾아 해석하여 판단합니다.

Ronaldo tried not **(to forget / to be forgotten)** the messages from his fans.

→ Ronaldo가 메시지를 잊지 않는 능동의 의미

Ronaldo tried not **(to forget / to be forgotten)** from his fans.

→ Ronaldo가 팬들로부터 **잊혀지지 않는 수동의 의미**

4. to부정사 뒤에 오는 목적어와 목적보어, 부정과 수식

1) to부정사의 타동사인 경우 당연히 뒤에 목적어나 목적보어가 옵니다.

흔히 to부정사나 동명사의 뒤에 나오는 목적어를 잘 안 찾아봅니다. 하지만 영어를 잘 하려면 반드시 동사 뒤에서 목적어를 찾아보는 훈련을 해야 합니다.

Jessica seemed **to love him**. → 부정사 뒤에 목적어가 와 있음

She hoped **to make him love her again**. (그녀는 그가 그녀를 다시 사랑하게끔 만들고 싶어했다.)

→ 부정사 뒤에 목적어와 목적보어가 와 있음

2) to부정사의 부정

to동사를 부정하려면 부정어를 to 앞에 놓습니다.

가기 to go / 안 가기 not to go

먹기 to eat / 안 먹기 not to eat

3) 부정사의 수식

to부정사를 수식하려면 동사 앞에 부사를 씁니다. (수식하고자 하는 말 앞에 수식어를 사용)

Jenny entirely failed to recognize me. (제니는 나를 알아보는데 완전히 실패했다.)

→ 전혀 날 못 알아 봄 / entirely가 failed를 수식

Jenny failed to entirely recognize me. (제니는 날 완전히 알아 보는 데에는 실패했다.)

→ 어렴풋이 알아보긴 함 / entirely가 recognize를 수식

CHAPTER 11

동명사

동사를 변형하는 방식으로 to를 붙이는 법을 배웠습니다. 동사 앞에 'to'하나 붙였지만 매우 많은 의미의 동사 변화를 만들 수 있습니다. 다음은 영어의 두 번째 동사 변화의 방식으로 동사에 '~ing'를 붙이는 것입니다. to부정사 보다는 의미가 적지만 역시 다양한 뜻으로 사용합니다.

'ing'의 첫 번째 의미는 '~라는 것'으로 to 부정사와 비슷한 의미를 나타낼 수 있습니다. 이를 동명사(Gerund)라 하며 영어 문법에서 가장 배우기 쉽습니다.

'~ing'를 '~하는', '~하는 중인'이라고 해석하는 경우도 있습니다. 이를 우리는 현재분사라 하며 마치 형용사처럼 사용합니다. 이외에도 동사에 '~ed'를 붙여서 '~해버린, ~된' 이라는 의미의 과거분사도 공부하도록 하겠습니다.

Unit 1 동명사에서 '명사'의 의미

1. 동명사의 개념(Gerund)

동명사는 '~하기', '~하는 것'의 뜻으로 동사에 명사 의미의 접미사(~ing)를 붙인 것입니다. 거의 명사처럼 쓰이므로 주어, 목적어, 보어 자리에서 자유롭게 사용합니다.

　　Swimming everyday is good for health. (매일 수영하는 것은 건강에 좋다.) → 주어자리에 쓰인 동명사

　　My hobby is listening to K-pop. (내 취미는 K-pop 듣는 것이다.) → 보어자리에 쓰인 동명사

　　cf He is cooking a meal. (그는 식사를 요리하는 중이다.) → 진행형으로 사용된 경우, 동명사가 아님

　　I like cooking dinner. (나는 저녁식사를 요리하는 것을 좋아한다.) → 타동사의 목적어 자리에 쓰인 동명사

2. 전치사 뒤에는 동명사

부정사도 명사의 의미를 가지고 있지만 전치사 뒤에는 반드시 동명사를 써야 합니다.

　　The foreign tourists were anxious **for buying** Korean cosmetic products.

　　(외국 관광객들은 한국산 화장품 사는 것을 열망한다.)

　　In spite of (to feel / feeling) tired, she kept on driving. (피곤했지만 그녀는 계속 운전했다.)

특히 전치사 to의 경우와 to동사 to를 구별해야 합니다. 생긴 게 똑같아서 구별하기 까다롭습니다.

- to부정사의 경우 : to + R
- 전치사 to의 경우 : to + ~ing

ook forward to ~ing : ~을 고대하다. ('look forward'가 '앞을 보다'라는 의미이며 'to'가 '~를 향해'라는 의미입니다. to가 전치사로 쓰였음을 음미하세요.)

　　I'm looking forward **to seeing** you again. (당신을 다시 만나길 기대합니다.)

object to ~ing (=have an objection to ~ing) : ~에 반대하다.

　　The workers objected **to working** nights. (종업원들은 야근에 이의를 제기했다.)

with a view to ~ing : ~하기 위해

　　He has bought land with a view **to building** a house. (그는 집을 짓기 위해 땅을 샀다.)

what do you say to ~ing : ~하는 게 어때?

　　What do you say **to (eating/eat)** out this evening? (오늘 저녁에 외식을 할까?)

contribute to ~ ing : ~에게 공헌하다.

　　The grammar book contributed much **to improving** the English abilities of students. (그 문법책은 학생들의 영어능력 향상에 많은 기여를 했다.)

※**특히 used의 쓰임에 주의합니다.**

① S + be used to + R : ~하기 위해 이용되다. (used가 [ju:zd] 로 발음되면 '사용되는' 이라는 의미의 과거분사 / to는 '~하기 위해')

This folder is used **to store** old popular songs. (이 폴더는 오래된 대중가요를 저장하는데 사용된다.)

② S + be(get) used to ~ing (used가 [ju:st] 로 발음되면 '익숙한'이라는 의미를 가진 형용사. used 뒤에 붙은 'to'는 '~에게'라는 의미의 전치사)

The driver is used to **danger**. (be used to + 명사)

The driver is used to **driving in danger**. (be used to + 동명사)

She was not used **to eating** much in the morning. (그녀는 아침에 많이 먹는 것에 익숙하지가 않았다.)

I found the job tiring at first but I soon got used to **it**. (내가 처음에는 그 일이 힘들었지만 곧 익숙해졌다.)

③ used to + R : ~하곤 했다. (조동사)

➡ used to가 조동사이므로 앞에 be 동사가 없다.
I used **to live** in London. (나는 과거 한때 런던에 살았다.)

Unit 2 동명사에서 '동사'의 의미

동명사는 동사를 명사처럼 변형한 것이지만 동사의 의미도 여전히 가지고 있습니다. 따라서 **동명사도 주어를 쓸 수 있으며** 타동사로 만든 동명사인 경우 **목적어도 뒤에 따라 나옵니다.** 동명사에도 간단한 시제 의미도 넣을 수 있습니다.

> ex) 그녀가 열심히 영어를 **공부하기** : 영어의 동명사 studying에 해당하는 '공부하기'에 '그녀가'라는 주어, '영어를'이라는 목적어, '열심히'라는 부사 수식어도 붙어있음

1. 동명사의 주어

to부정사 편에서 설명한대로 영어는 동사에 따라 주어도 변형되는 언어입니다.

우리가 그 노래를 부른다. We sing the song.

우리가 그 노래를 불렀다. We sang the song.

우리가 그 노래를 부를 수 있다. We can sing the song.

→ 서술어 동사의 경우 우리가 알고 있는 주어(we, she, he, 등등)를 사용합니다.

우리가 그 노래를 부르기 위해 for us to sing the song

그가 거기에 가다니 for him to go there

그녀가 그것을 마시기엔 for her to drink it

to부정사의 경우 'for+목적어'를 주어로 사용합니다. (to부정사의 의미상의 주어)

우리가 그 노래를 부르기 our singing the song / us singing the song

그녀가 라면 끓이기 **her cooking noodle**

그가 그 산을 오르는 것 his climbing the mountain / him climbing the mountain

➡ **동명사의 주어를 표현하려면 동명사 앞에 소유격이나 목적격을 사용합니다.**

(동명사의 의미상의 주어)

다음을 동명사를 이용하여 영어로 번역하시오 QUIZ!

1. 내가 수퍼스타 되기 : (　　　　　)
2. 우리가 다시 만나기 : (　　　　　)
3. Messi가 축구하기 : (　　　　　)
4. 그녀가 날 사랑하는 것 : (　　　　　)
5. 엄마가 노래부르기 : (　　　　　)

※ 동명사의 부정형은 동명사 앞에 not을 붙입니다.

She objected to our **not holding** a meeting. (그녀는 우리가 모임을 개최하지 않은 것을 반대했다.)

He regretted **not working** hard when he was young. (그는 젊었을 때 열심히 일하지 않은 것을 후회했다.)

> **다음 우리말을 동명사를 이용하여 영어로 옮기시오**
>
> 1. Messi가 축구 안 하기 :
> 2. 우리가 수학공부 안 하기 :
> 3. 그녀가 노래 부르지 않는 것 :
> 4. Mr. Kim이 수업 안 하기 :
> 5. 그들이 포기 안 하는 것 :

2. 동명사에 수동의 의미 넣기(부정사에 수동 의미 놓기와 동일한 원리)

행복한 happy

행복하다 am happy / are happy / is happy

행복하기 to be happy / **being happy**

사랑받는 loved

사랑 받는다 am loved / are loved / is loved

사랑받기 to be loved / **being loved**

→ '~되는/~당하는'이라는 의미의 형용사(과거분사)앞에 being(~하기)을 붙인다 생각할 것.

Loving people is as important as **being loved** by people.

(사람들을 사랑하는 것은 사람들에게 사랑받는 것 만큼 중요하다.)

The boy hates **being touched** by a stranger. (그 소년은 낯선 사람에 의해 터치되는 것을 싫어한다.)

> **다음 우리말을 동명사를 이용하여 영어로 옮기시오**
>
> 1. 먹힘
> 2. 믿어짐
> 3. 씻겨짐
> 4. 비웃음 당하기
> 5. 받기
> 6. 사용되어지기
> 7. 가르쳐지기
> 8. 불려지는 것

동명사도 동사이므로 동명사의 주어와 능동, 수동의 의미가 일치해야 합니다.

John couldn't endure (ignoring/being ignored) by his friends.

(John은 친구들에 의해 무시받는 것을 참을 수 없었다.)

3. 동명사에 과거 의미 넣기(having-ed)

사랑함 : loving

사랑했음 : having loved ('~했음'이라는 의미를 쓰고 싶으면 'having -ed'를 사용)

(to부정사로 과거 의미 표현하고 싶으면 'to have -ed')

동명사를 그냥 사용하면 문장의 서술어동사와 동일한 시제.

I am sorry for being late.

→ (지금) 늦어서 미안해.

동명사를 having p.p로 변형하면 문장의 서술어보다 한 시제 전. (완료동명사)

I am sorry for having been late.

→ 난 (과거에) 늦었던 것이 미안했다.

다음 우리말을 동명사를 이용하여 영어로 옮기시오

1. 씻기
2. 씻겨짐
3. 씻었음
4. 씻겨졌음
5. 사랑하기
6. 사랑받기
7. 사랑했음
8. 사랑받았음

4. 동명사 뒤의 목적어, 목적보어

목적어가 필요한 타동사로 만든 동명사는 뒤에 목적어, 상황에 따라 목적보어도 써야합니다.

analyze : 분석하다 / analyzing 분석하기 / analysis 분석

그 자료를 분석하기(○) / 그 자료를 분석(×) / 그 자료의 분석(○)

analyzing the data(○) / analysis the data(×) / analysis of the data(○)

동명사 'analyzing(분석하기)'는 '~를'이라는 목적어가 오지만 명사인 'analysis(분석)은 '~를'이라는 목적어를 뒤에 쓸 수 없습니다.

At that time, getting rich information was very expensive, and the tools for (analysis / analyzing) it weren't even available until the early 1990s. (수능 기출)

5형식 동사로 만든 동명사 뒤에는 목적어와 목적보어도 옵니다.

It was not easy persuading **him to do** his duty on time.

Unit 3 동명사 vs. to부정사

to부정사가 '~하기'라고 해석되는 경우 동명사를 사용해도 됩니다. 하지만 부정사는 '~할 것'이라는 미래 느낌이 있고 동명사는 '~한 것'이라는 과거 느낌이 있어 부정사와 동명사를 무작정 바꿔서 쓸 수 없습니다. 특정한 동사 뒤 목적어 자리에는 동명사 혹은 to부정사 둘 중 하나만 사용해야 합니다.

1. 동명사만을 목적어로 취하는 동사

부정적 의미, 중지, 연기의 의미 : stop, finish, quit, discontinue, give up, postpone, delay, deny, mind, avoid + ~ing

제안, 고려의 의미 : suggest, recommend, consider + ~ing

기타 : enjoy, imagine, keep + ~ing

무작정 암기하지 말고 의미를 생각해서 암기하면 금방 외워집니다. 특히 중단이나 부정적 의미가 있는 경우 목적어로 동명사를 사용함에 주의하세요!

　　We enjoyed singing the song. (우리는 그 노래 부르는 것을 즐겼다.)
　　Do you mind opening the door? (문을 여는 것을 싫어하십니까?)
　　They gave up being the first men to conquer the mountain.
　　(그들은 그 산을 정복한 최초의 사람이 되는 것을 포기했다.)

2. to부정사만을 목적어로 취하는 동사

➡ 목적어로 동사의 의미가 '~할 것'이라고 해석되어 미래의 의미를 가지는 동사들

plan, choose, wish, hope, care, expect, refuse, decide, mean ...

　　I decided to meet her personally. ⟶ 만날 것(미래에)을 결심했다.
　　They planned to visit Korea again. ⟶ 방문할 것(미래에)을 계획했다.

3. 동명사와 to부정사를 모두 목적어로 취하는 동사.

1) 의미가 달라지지 않는 경우

→ 많은 경우에 타동사 뒤에 목적어로 동명사와 to동사 모두 쓸 수 있습니다.

계속, 시작 : continue, begin, start

　　They began to read the book. = They began reading the book.

싫어하거나 좋아하는 경우 : hate, like, love, prefer

　　We love to climb a mountain. = We love climbing a mountain.

2) 모두 목적어로 취하나 의미가 달라지는 동사 (아주 중요)

remember, forget + ~ing : 과거의 일 (~했던 것)
remember, forget + to부정사 : 미래의 의무 (~해야 할 것)

I remember to meet him. (난 그를 만날 것(만나야 할 것)을 기억하고 있다.)
I remember meeting him. (난 그를 만났던 것을 기억하고 있다.)
I forgot to meet him. (난 그를 만나야 할 것을 잊어버렸다.)
I forgot meeting him. (난 그를 만났다는 사실을 잊어버렸다.)
I forgot (to lock/locking) the door yesterday.

→ 주의 : 보통 forget과 remember뒤에 to부정사를 쓰면 미래의미라고 외웁니다. 하지만 이런 식으로 암기하면 위 문제처럼 과거 상황에서의 미래의미의 경우는 혼란이 생깁니다. forget과 remember 뒤에 to동사는 '~해야 할 것'을 이라는 구체적인 의미로 암기하면 틀리지 않습니다. 위 문제의 경우 '난 어제 문을 잠궈야 한다는 사실을 잊어버렸다'로 해석하세요.

stop + ~ing : ~하는 것을 그만두다.
stop + (in order) to R : ~하기위해 멈추다.

I stopped eating. (나는 먹는 것을 멈췄다.) / I stopped to eat something. (난 뭔가를 먹기위해 멈췄다.)

try + ~ing : 시험 삼아 ~해보다.
try + to R : ~하려고 애쓰다, 시도하다

She tried singing the opera.   vs.   She tried to sing the opera.

우리나라 영문법 교재에선 이를 엄격히 구별하지만 실제로는 구별을 잘 하지 않습니다.

regret + ~ing : ~했던 것을 안 좋게 생각하다=~했던 것을 후회하다 → 'ing'는 과거의 의미)
regret + to부정사 : ~할 것을 안 좋게 생각하다. = ~하게 되어 유감이다 → 'to동사'는 미래의 의미)

She regretted telling him the bad news. (그녀는 그에게 나쁜 소식을 말했던 것을 안좋게 생각했다.(후회했다))
She regretted to tell him the bad news.
(그녀는 그에게 나쁜 소식을 말해야 하는 것을 안좋게 생각했다.(말해야 해서 유감이었다))

다음을 영어로 옮기시오

1. 난 그 식당에서 치킨을 먹었던 것을 기억한다.
2. 우리는 내일 그들을 만날 것을 기억하고 있다.
3. 고기를 먹기 위해 멈추다
4. 고기 먹는 것을 끝내다.

Unit 4 자주 쓰이는 동명사 구문

동명사가 들어있는 숙어들입니다. 숙어도 단어가 합쳐진 말이므로 숙어에 들어 있는 단어의 의미를 하나씩 생각하면 훨씬 쉽게 외워집니다.

1. There is no + ~ ing : ~ '~ing'라는 행동은 없다 → '~하는 것은 불가능 하다

There is no telling what will happen exactly tomorrow.
= It is impossible to tell what will happen exactly tomorrow.
(내일 정확히 무슨 일이 일어날지 말하는 것은 불가능하다.)

2. It is no use(=good) + ~ ing

= It is of no use to R
= It is useless to R : ~해도 소용없다.
→ use와 good은 '소용'이라는 의미

It is no use crying over spilt milk. = It is of no use to cry over spilt milk. = It is useless to cry over spilt milk.
(엎질러진 우유를 놓고 울어봐야 소용없다.)

3. be worth ~ing

= It is worthwhile to R
= be worthy of + ~ing
: ~할 가치가 있다.

Shakespeare's dramas are worth reading twice.
= It is worthwhile to read Shakespeare's dramas twice. = Shakespeare's dramas are worthy of reading twice.
(셰익스피어의 희곡은 두번 읽을 가치가 있다.)

4. It goes without saying that ~

= It is needless to say that ~
: ~는 말할 것도 없이 당연하다.
→ 'it goes'은 '일이 펼쳐지다'라는 의미 / 'without saying that'은 '~라고 말하지 않고서'라는 의미 / 두 말이 합쳐져서 '~라는 말 안 해도 상황은 계속 진행된다.' '당연하다'라는 의미 탄생

It goes without saying that honesty is the best policy. = It is needless to say that honesty is the best policy.
(정직이 최선의 정책이라는 것은 말할 것도 없이 당연하다.)

5. on ~ing = upon ~ing = as soon as + S + V = : ~하자마자

On seeing the dog, the cat began to run.

= As soon as the cat saw the dog, it began to run. (그 개를 보자마자 그 고양이는 뛰기 시작했다.)

in ~ing = when + S + V : ~할 때에는

by ~ing : ~함으로써

6. be busy ~ing

: ~하느라 분주하다. 바쁘다.

I am busy doing my homework.

7. feel like ~ing

= feel inclined + to do : ~하고 싶다.

Today I don't feel like doing anything.

8. What do you say to + ~ing? : ~하는 게 어때?

→ 'What do you say to + ~ing?'를 정확히 해석하면 '~ing에게 당신은 무엇을 말하시겠나요?'라는 의미입니다. 이 의미가 변형되어 '~ing'하는 게 어때 라는 의미가 나옵니다. 특히 to가 전치사 to이므로 뒤에 동사는 '~ing'를 써야 함에 주의합니다.

What do you say to swimming after school.

= Let's swim after school.

= How about swimming after school?

= What about swimming after school?

9. go ~ing : ~하러 가다.

Let's go fishing tomorrow..

10. be on the point of + ~ ing

= be about to + R : 막 ~하려고 하다.

He was on the point of leaving his country.

= He was about to leave his country. (그는 막 조국을 떠나려고 했다.)

11. not(=never) ~ without … ing

: …않고 ~하는 일은 없다. ~할 때마다 ~하다.

It never rains without pouring.   = It never rains but it pours. = Whenever it rains, it pours.

(퍼 붓지 않고서는 비가 오지 않는다.(엎친데 덮친격))

12. make a point of + ~ ing

= make it a rule to + R

: ~을 규칙으로 하다.

I make a point of getting up early. = I make it a rule to get up early.

(난 일찍 일어나는 것을 규칙으로 한다.)

13. come near + ~ ing

: 하마터면 ~할 뻔하다.

→ '~ing'라는 행동 근처까지 왔다'라는 의미가 '하마터면 ~하다'라는 의미로 변형

He came near being bitten by a bee. (그는 하마터면 벌에 쏘일 뻔했다.)

CHAPTER 12

분사

'~ing'는 '~하기'라고 해석되는 동명사외에 다른 두 가지 뜻이 더 있습니다. 하나는 '~해주는' 이라는 의미이고 또 하나는 '~하는 중인'이라는 의미인데 우리는 이를 현재분사라 합니다. 동사에 'ed'를 붙인 말도 '~했다'라는 과거 의미로 사용하기도 하지만 '~된, ~해버린'이라는 의미로 사용하며 이를 과거분사라 합니다.

동사에 '~ing'붙이면

1. '~하기, ~하는 것'으로 해석되면: 동명사
2. '~하는, ~해주는'으로 해석되면: 현재분사(능동)
3. '~하는 중인'으로 해석되면: 현재분사 (진행)
4. '접속사 + S' 넣어서 해석하는 경우: 분사구문 (나중에 학습합니다.)

동사에 '~ed'붙이면

1. ~했다, ~이었다 : 동사의 과거형
2. ~당한, ~받은 : 과거분사 (수동)
3. ~해버린, ~한 : 과거분사 (완료)
4. '접속사 + S' 넣어서 해석 : 분사구문 ➡ 본래 문장이 「접속사 + S + be동사 + ~ed」의 형태

Unit 1 형용사처럼 명사를 꾸며주는 분사

동사 끝을 변형하여 '~는'이라는 의미의 형용사처럼 만든 말을 분사라고 합니다. 영어에는 '~ing'를 붙여주는 현재분사와 '~ed'를 붙여주는 과거분사가 있습니다.

1. 현재분사(~ing)의 의미

1) 능동의 의미: ~시키는, ~하게하는, ~를 주는
an **exciting** video game (재미를 주는 / 명사를 앞에서 꾸며 줌)
a **surprising** news (~를 놀라게 하는 / 명사를 앞에서 꾸며 줌)

> The news **surprising us** turned out to be a lie. (우리를 놀라게한 뉴스는 거짓으로 판명되었다.)
> → ~를 놀라게 하는/명사를 뒤에서 꾸며 줌
>
> The girl **playing the piano** is my girlfriend. (피아노를 치고 있는 여자는 내 여자친구다.)
> → ~를 연주하는/ 명사를 뒤에서 꾸며 줌(여러 단어로 꾸며줄 때에는 반드시 뒤에서 꾸며주어야 합니다.)

2) 진행의 의미 : ~하고 있는, ~하는 중인
falling leaves (떨어지고 있는 잎사귀 / 명사를 앞에서 꾸며 줌)
the **rising** sun (뜨고 있는 태양 / 명사를 앞에서 꾸며 줌)

> The girl **dancing to the music** is my friend. (춤추고 있는 소녀 / 명사를 뒤에서 꾸며 줌)
> The man **swimming in the river** was a former national swimming champion.
> (강에서 수영하고 있는 남자는 예전 수영 챔피온이었다.)
> → 수영하고 있는 남자 / 명사를 뒤에서 꾸며 줌(여러 단어로 꾸며줄 때에는 반드시 명사 뒤에서 꾸며주어야 합니다.)

2. 과거분사(~ed)의 의미

1) 수동의 의미: ~당한, ~된 (타동사의 과거분사)
> a **wounded** soldier (상처 입은 병사 / 명사를 앞에서 꾸며 줌)
> the **infected** region (감염된 지역 / 명사를 앞에서 꾸며 줌)
> the shoes **made in Italy** (이탈리아에서 만들어진 신발/ 명사를 뒤에서 꾸며 줌)
> a letter **written in haste** (서둘러 쓰여진 편지 / 명사를 뒤에서 꾸며 줌)
> → 여러 단어로 꾸며줄 때에는 반드시 명사 뒤에서 꾸며주어야 합니다.

2) 완료된 동작의 상태나 성질: ~해버린
> **fallen** leaves (떨어져 버린)
> an **expired** ticket (만기가 되어 버린 티켓)

Unit 2 형용사처럼 명사를 설명해주는 분사

1. 현재분사

1) 주격보어

He stood **shivering** in the rain. (그는 빗속에서 떨면서 서있었다.)

The world looks shining beautifully. (세상이 아름답게 빛나 보인다.)

2) 목적격보어

I feel it **coming**. (나는 그것이 오는 것을 느낀다.)

I saw you **dancing**, when I was at the party. (나는 네가 춤추는 것을 봤어.)

She kept me **waiting** 3 hours, which made me really mad.
(그녀는 내가 3시간을 기다리게 했는데, 이것이 나를 정말 화나게 했다.)

2. 과거분사

1) 주격보어

She felt **tired** with the night shift. (그녀는 야간 근무에 피로를 느꼈다.)

The students looked **bored** with staying in the classroom. (학생들은 교실 안에 머무는 것에 지루해 보였다.)

All the teachers in this school are **loved** by their students.
(이 학교의 모든 선생님들은 그들의 학생들에 의해 사랑받는다./수동태)

※ 수동태는 '~된/~당한'이라는 의미의 형용사(과거분사)에 '~이다'라는 be동사를 붙인 것입니다.

loved 사랑받는 (수동의 의미를 가진 과거분사 = 형용사)

am/are/is loved (사랑 받는다) → 현재 수동태

was/were loved (사랑 받았다) → 과거 수동태

2) 목적격보어

I want the homework **done** right now. (난 숙제가 지금 당장 되어졌으면 해.)

Don't leave the issue **unsettled**. (그 문제를 해결되지 않은 채로 두지 마.)

목적어와 목적보어의 관계가 수동이면 과거분사 '~ed'를 사용합니다.

I heard somebody **calling** my name. (난 누군가가 내 이름을 부르는 것을 들었다.)

I heard my name **called** by somebody. (나는 누군가에 의해 내 이름이 불려지는 것을 들었다.)

Unit 3 현재분사 vs. 과거분사

현재분사와 과거분사를 구별하라는 문제가 시험에 정말 많이 출제됩니다.

1. 감정을 유발하는 현재분사(~ing) vs 감정을 느끼는 과거분사(~ed)

satisfying / satisfied	만족감을 주는/만족을 느끼는
frightening / frightened	겁주는/겁먹은
irritating / irritated	짜증나게 하는/ 짜증 느낀
annoying / annoyed	괴롭히는/괴롭힘을 당하는
astonishing / astonished	놀라게 하는/ 놀라움을 당하는
exciting / excited	즐거움을 주는 / 즐거움을 느끼는
interesting / interested	흥미를 주는 / 흥미를 받는
amazing / amazed	놀라움을 주는 / 놀라움을 받는
confusing / confused	혼란을 주는 / 혼란을 느끼는
boring / bored	따분함을 주는 / 따분함을 받는
embarrassing / embarrassed	당황스럽게 하는 / 당황스러움을 받는
surprising / surprised	놀라움을 주는 / 놀라움을 받는
disappointing / disappointed	실망감을 주는 / 실망감을 받는

2. 보통 사물이 그 분사의 의미상의 주체이면 '~ing', 사람이 주체이면 '~ed'를 씁니다. 그러나 항상 그렇지만은 않습니다.

The news was **surprising**. (사물이 주체)

She was **surprised** at the news (사람이 주체)

The **exciting** rock singer was very popular in this country. 그 짜릿한 락 가수는 이 나라에서 매우 인기있다.

→ 사람이 주체이긴 하지만 가수가 짜릿함을 주는 관계이므로 exciting을 사용

The **excited** audience were shouting with joy. (흥분한 청중들은 기쁨에 겨워 소리 질렀다.)

→ 청중들은 흥분 되어지는 것이므로 excited

3. the + 분사 : ~하는 사람들, ~당한 사람들, ~한 것(추상명사)

The dying and the dead were everywhere on the battlefield. (죽어가는 사람들과 죽은 사람들)

the disabled = the handicapped (장애인들)

the accused (피고인)

the insured (피보험자)

the unexpected (예기치 못한 것)

the unknown (미지의 것)

4. 현재분사 vs. 동명사

현재분사와 동명사는 구분이 그리 어렵지 않습니다. 하지만 동명사가 명사 앞에 쓰일 경우 현재분사처럼 명사를 꾸며주므로 구별하기 난해합니다. (주로 중학교 시험에 나오는 것으로 이해가 어려우면 패스하셔도 됩니다.)

    a **sleeping** baby (자고 있는 아기)

    a **sleeping** bag (침낭) ⟶ sleeping가 '취침'이라는 의미의 동명사

    a sleeping bag = a bag for sleeping (취침을 위한 주머니)

    a sleeping baby = a baby for sleeping (취침용 아기? 틀린 표현입니다)

Unit 4 문장을 짧게 줄일 때 쓰는 분사
-분사구문-

분사는 문장을 짧게 줄일 때도 사용됩니다. 이를 분사구문이라 합니다.

분사구문의 정의

분사를 써서 절(접속사 + S + V)을 구로 줄인 문장을 분사구문이라 합니다.
➡ 문장이 길어서 다 말하기 귀찮아 접속사와 주어를 지우고 동사에 '~ing'를 붙이는 것

나는 밥을 먹은 후에, **나는** 잤다.

(밥을 먹은 후에 나는 잤다.)

→ 우리말은 주어만 지울 수 있지 다른 말은 지우면 의미가 잘못 전달 될 수 있습니다.)

→ 밥을 먹은 후에 잤다. ('나는'이라는 주어까지 지우면 밥을 먹은 후에 누가 잤는지 의미에 혼란이 올 수 있습니다.

After I ate a meal, I slept.

→ **Eating** a meal, I slept.

영어는 주어인 I외에도 접속사 After도 지웠고 동사에 생략했다는 표시로 '~ing'를 남깁니다.

1. 분사구문 만드는 법(문장 줄이는 법)

1) 아는 말은 지운다.

➡ 주절의 주어와 부사절의 주어가 같을 경우 접속사가 있는 절의 주어 삭제

When **he** found his cat, **he** cried. (he = he)

→ Finding his cat, he cried.

접속사가 들어가 있는 절(부사절)을 줄여야지 주절을 줄여서는 안 됩니다. (우리말은 어느 것을 줄여도 상관없음)

「접속사 + S + V ~ , V +ing ~ .」(×)

After I watched TV, I took a walk.

→ After I watched TV, taking a walk. (×)

「S + V ~ , 접속사 + S + V ~ .」

➡ 「S + V ~ , V+ing ~ .」

I took a walk, after I watched TV.

→ I took a walk, watching TV. (O)

2) 모르는 말은 지우지 않는다. ➡ 주절의 주어와 부사절의 주어가 다를 경우

Because **it** was rainy, **the baseball game** was canceled. (it ≠ the baseball game)
⟶ **It** being rainy, **the baseball game** was canceled.

As there was no flight left to Paris, we had to cancel our summer holiday.
⟶ There being **no flight** left to Paris, **we** had to cancel our summer holiday.
(파리행 비행편이 없어서 우리는 여름 휴가를 취소해야 했다.)

3) 접속사는 지워도 알 수 있는 말이므로 지워도 되고 지우지 않아도 된다.

After I watched TV, I took a walk. ⟶ Watching TV, I took a walk.
Before I watched TV, I took a walk. ⟶ (Before) Watching TV, I took a walk.
⟶ 의미가 TV보기 전인지 후인지 혼동될 여지가 있으면 접속사를 남깁니다.

2. 수동태 문장을 줄일 경우의 분사구문

1) As his letter was written in haste, it was hard to read.

수동태 문장의 서술어 동사는 was이므로 was에 'ing'를 붙여줍니다. (be동사 뒤에 나온 과거분사는 수동 의미의 형용사라고 생각하세요.)

➡ **Being written** in haste, his letter was hard to read.

앞부분의 letter를 지우고 뒷부분 it을 남기면 it이 뭔지 모르므로 it을 his letter로 바꿔 주어야 합니다.
Being도 안 써도 큰 문제없이 의사소통이 됩니다. 따라서 Being을 생략하면

➡ **Written** in haste, his letter was hard to read.

수동태 분사구문 만들기 패턴

「접속사 + S + be + V-ed ~ , S + V ~ .」
➡ 「**being** + V-ed ~ , S + V ~ .」= 「**V-ed** ~ , S + V ~ .」

「S + V ~ , 접속사 + S + be + V-ed ~ .」
➡ 「S + V ~ , **being** + V-ed ~ .」= 「S + V ~ , **V-ed** ~ .」

Because he was born into a rich family, he doesn't know what it is like to be poor.
⟶ **Born** into a rich family, he doesn't know what it is like to be poor.
(부유한 집에서 태어났기 때문에, 그는 가난이 무엇과 같은지 모른다.)

having been도 생략 가능 ⟶ 생략해도 상대가 알 수 있는 말
(Having been) trained for a short period, the students did many mistakes.
(짧은 기간동안 훈련받았기 때문에, 그 학생들은 많은 실수를 했다.)

3. 여러 가지 의미의 분사구문

분사구문은 접속사와 주어가 생략된 말입니다. 분사구문 문장을 마주쳤을 때, **생략된 접속사와 주어를 생각해 낼 수 있어야 합니다.**

1) 분사구문의 주어 찾기

주절의 주어를 보면 분사구문의 주어를 알 수 있습니다.

Feeling tired, she slept early.

(그녀는 피곤했기 때문에, 그녀는 일찍 잠들었다.) → she가 분사구문의 주어

2) 분사구문의 접속사 찾기

생략되었을 접속사를 추측합니다. 분사구문이 여러 접속사로 해석될 가능성도 많습니다.

시간의 의미로 해석하는 분사구문 (~하는 동안, ~할 때)

Waiting for my turn, I found something absurd.

= While I was waiting for my turn, I found something absurd.

(내 차례를 기다리는 동안, 난 뭔가 불합리한 것을 발견했다.)

Left alone, the baby began to cry.

= When it was left alone, the baby began to cry. (홀로 남겨졌을 때, 그 아기는 울기 시작했다.)

이유, 원인 의미로 해석하는 분사구문 (~이므로)

Left alone, the baby began to cry.

= Because it was left alone, the baby began to cry. (홀로 남겨졌기 때문에, 그 아이는 울기 시작했다.)

Not knowing what to do, she searched the internet.

→ 부정어는 분사 (앞/뒤)에 붙인다.

= As she didn't know what to do, she searched the internet.

(뭘 해야할 지 몰라서, 그녀는 인터넷 검색을 해보았다.)

조건 의미로 해석하는 분사구문 (~한다면)

Turning to the left, you will see a beautiful garden.

= If you turn to the left, you will see a beautiful garden. (왼쪽으로 돌면 넌 아름다운 정원을 발견할 것이다.)

'~이지만/~일지라도' 의 의미로 해석하는 분사구문

Even though doing your best, you cannot finish the job within an hour.

= Even though you do your best, you cannot finish the job within an hour.

(최선을 다한다 할지라도, 넌 그 일을 한시간 안에 끝낼 수 없다.)

동시동작 의미로 해석하는 분사구문 (~하면서)

She kept talking, eating something.

= She kept talking, as she ate something. (그녀는 무언가를 먹으면서 계속 말을 했다.)

When I find myself in times of trouble, Mother Mary comes to me, **speaking** words of wisdom, "Let it be."

- Let it be, Beatles

내가 힘든 시기에 "내버려 두렴"이라는 지혜의 말을 하면서 성모 마리아가 내게 온다.

연속상황 의미로 해석하는 분사구문 (~하고 나서 바로)

They left for Busan in the morning, arriving in Seoul at noon.

= They left for Busan in the morning, and arrived in Seoul at noon.

(그들은 아침에 부산을 향해 떠났고 정오에 서울에 도착했다.)

4. 주의해야 할 분사구문

1) 'V-ing 분사구문' vs. 'V-ed 분사구문'

분사구문의 주어를 찾아 능동인지 수동인지를 파악합니다. → 옆에 주절의 주어가 분사구문의 주어입니다.

① 주절의 주어와 분사구문의 동사가 능동관계이면 V-ing

Leaving her baby alone, the mother was very anxious. (엄마가 아기를 남겨놓음)

② 주절의 주어와 분사구문의 동사가 수동관계이면 V-ed

Left alone, the baby began to cry. (아기는 홀로 남겨짐)

(Making/Made) in Korea, the products are very popular in South East Asia.

(한국에서 만들어졌기 때문에, 그 상품들은 동남아시아에서 매우 인기있다.)

(Accepting / Accepted) what he says, I don't think he'll sacrifice himself for his country.

(그가 말한 것을 받아들인다 할지라도, 난 그가 조국을 위해 자신을 희생할 것이라 생각하지 않는다.)

2) 한 시제 과거의미의 분사구문

'~ing'를 사용하는 경우 : 분사구문의 시제가 주절의 시제와 같습니다.

Exercising every day, he is very healthy.

= As he exercises everyday, he is very healthy. (그는 매일 운동하기 때문에, 그는 매우 건강하다.)

→ 운동하는 것과 건강한 것이 동일 시제)

'having +p.p.'를 사용하는 경우 : 분사구문의 시제가 주절의 시제보다 한 시제 과거

Having met him before, I hardly recognized him.

= Though I had met him before, I hardly recognized him.

(내가 그를 예전에 만난 적이 있었지만, 난 그를 거의 알아보지 못했다.)

→ 만난 것이 알아보지 못한 것보다 더 이전에 일어난 일

Having been taught English since his childhood, he is very good at speaking English.

= As he has been taught English since his childhood, he is very good at speaking English.

(어린 시절 이래로 영어를 배워왔기 때문에, 그는 영어를 매우 잘한다.)

3) 숙어로 외워야 하는 분사구문

generally speaking : 일반적으로 말해서

strictly speaking : 엄격히 말해서

considering : 고려하건데

admitting that : 인정하건데

judging from : ~로부터 판단하건데

frankly speaking : 솔직히 말해서

speaking of : ~에 관해 말 하건데

4) with + 명사 + 분사 ⇒ 명사가 ~한 채로

with + 명사 + ~ing : 명사가 ~한 채로 (명사의 능동적 행동)

He was taking a walk **with his dog following him**. (그는 그의 강아지가 그를 따라오게 한 채로 산책했다.)

It was a chilly night, **with little wind blowing**. (바람이 거의 불지 않는 아주 추운 밤이었다.)

with + 명사 + ~ed : 명사가 ~ 당한 채로 (명사의 수동적 행동)

She was sitting, **with her legs crossed**. (그녀는 다리를 꼰 채로 앉아 있었다.)

with + 명사 + 부사(구) : 명사가 ~한 채로

He was trying to say something, with his head against the wall.

(그는 머리를 벽에 기댄채로 뭔가를 말하려고 했다.)

with + 명사 + 형용사 : 명사가 ~한 채로

Don't speak with your mouth full. (입에 음식을 가득 채운채로 말하지 마라.)

정답지

p. 26
1. 사과 + ~한 + 내가 버렸다 (the apple which I threw away)
2. 강아지 + ~한 + 빨리 뛴다 (the puppy which runs fast)
3. 노래 + ~한 + 우리 어머니가 좋아 하신다 (the song which my mom likes)
4. 그 사람 + ~한 + 노란 셔츠를 입었다 (the man who wears a yellow shirt)
5. 그대 + ~한 + 별에서 왔다. (you who came from a star)
6. 그 노래 + ~한 + 우리가 불렀다 (the song which we sang)
7. 그대 + ~한 + 내가 사랑한다 (you whom I love)
8. 연 + ~한 + 아버지가 만들어 주셨다 (the kite which my father made)
9. 새 휴대폰 + ~한 + 네가 구입했다 (the new cell phone which you bought)

p. 28
2. 우리나라, ~한, 사계절을 가졌다, my country which has four seasons
3. 노부부, ~한, 옆집 산다, an old couple who live next door
4. 나의 친구, ~한, 중국어를 잘한다, my friend who can speak Chinese well
5. 고양이, ~한, 지붕에 앉아 있다, the cat which sits on the roof
6. 내 강아지, ~한, 나를 기다리고 있다, my dog which is waiting for me
7. 내 남동생, ~한, 크리스마스에 태어났다, my baby brother who was born at Christmas
8. 책, ~한, 독일어로 쓰여졌다, a book which was written in German
9. 고객들, ~한, 불만을 가졌다, the customers who have complaints
10. 상점, ~한, 가구를 판다, the store which sells furniture
11. 그대, ~한, 별에서 왔다, you who came from a star
12 Jong-gu, ~한, 빨간 사과를 먹고 있다, Jong-gu who is eating a red apple

p. 29 where, where, which

p. 30
14. 손님들, ~한, 그녀가 초대했다, the guests whom she invited
15. 집, (~에서) ~한, 우리가 살았다, the house which we lived in
16. 중국어, ~한, 내 친구가 잘한다, Chinese which my friend can speak well
17. 지붕, ~한, 내 고양이가 좋아한다, the roof which my cat likes
18. 내 여자친구, ~한, 내가 기다린다, my girl friend whom I am waiting for
19. 크리스마스, (~때에) ~한, 내 동생이 태어났다, Christmas which my baby brother was born at
20. 독일어, ~한, 그 책이 사용했다, German which the book used
21. 불만들, ~한, 고객들이 가지고 있다, The complaints which the customers have
22. 가구, ~한, 그 상점이 판다, The furniture which the store sells

p. 31
3. 노트북컴퓨터, ~의 ~한, 커버가, 파랗다, a laptop computer whose cover is blue
4. 원숭이, ~의 ~한, 꼬리가 짧다, a monkey whose tail is short
5. 연아, ~의 ~한, 꿈이, 실현되었다, Youna whose dream came true
6. 내 친구 Messie, ~의 ~한, 성품이, 온화하다. my friend Messie whose temper is mild
7. 우리 엄마, ~의 ~한, 스마트폰이, 고장났다, my mother whose smartphone is out of order

8. 소년, ~의 ~한, 얼굴이, 하얗다, A boy whose face is white
9. 테니스 선수, ~의 왼팔이 ~한, 오른팔보다 길다, A tennis player whose left arm is longer than the right arm
10. 나라, ~의 ~한, 국민이 주인이다, A country whose people is the owner

p. 38 내가 먹은 치킨
내가 의존하는 너
모두가 존경하는 그 사람

p. 43 1. ① the house in which my grandmother lives ② the house where my grandmother lives
2. ① the reason for which he lied ② the reason why he lied
3. ① the restaurant in which my family ate ② the restaurant where my family ate
4. ① the day on which she met him ② the day when she met him
5. ① the way in which we fish ② the way we fish

p. 46 1. 목적격관계대명사 2. 명사절접속사 3. 동격 4. 목적격관계대명사 5. 지시대명사, 명사절 접속사 6. 지시형용사

p. 52 1. ~하는 동안 + 그녀가 + 공부한다
2. ~하지만 + 우리 국민은 + 성실하다
3. ~면 + 연아가 + 금메달을 따다
4. ~면 + 그가 + 노래를 부르다
5. 비록 ~지만 + 그는 + 제정신이 아니다

p. 67 1. When was he born? / when he was born
2. What color does she like? / what color she likes
3. Where will we drink coffee? / where we will drink coffee
4. Is this water clean? / if this water is clean

p. 83 used 사용했다, 사용된 / loved 사랑했다, 사랑받는 / wrote 썼다 / written 쓰여진

p. 94 1. ○ 2. ○ 3. × 4. × 5. ○ 6. ○ 7. ○ 8. ○ 9. × 10. ○ 11. × 12. ○ 13. × 14. ○ 15. ○

p. 105 사랑받는 / 사용되는 / 쓰여진

p. 106 교재에 정답이 수록되어 있음

p. 134 1. to go to school 2. to eat chicken 3. to swim in Han river 4. house to live in 5. friend to play with
6. plan to meet again 7. to become a doctor 8. to finish homework 9. something to give you
10. time to eat lunch

p. 136 1. only to miss the bus
2. only to lose a puppy
3. embarrassed to fall
4. happy to meet
5. full to eat chicken
6. only to disappoint mom

p. 137
1. too big to bite
2. too hard to understand
3. too small to read
4. too cold to sleep
5. too far to stay near
6. too far to go
7. You are too young to know the taste of coffee.
8. too hard to eat
9. too heavy to hold
10. too hot to touch

p. 139
1. to have gone
2. to have written
3. to have been happy
4. to have swum
5. to have met

p. 141
1. He swam.
2. for him to swim
3. for him to swim in such cold weather
4. for her to drink
5. too hot for her to drink
6. The coffee is too hot for her to drink.

p. 142
1. for them to eat chicken
2. for chickens to be raised
3. to be caught
4. to bo used
5. to have been made
6. to be heard
7. to have been sung
8. to be read
9. to consider
10. to be considered

p. 148
1. my(=me) becoming a superstar
2. our(=us) meeting again
3. Messi's(=Messi) playing soccer
4. her loving me
5. my mom's(=mom) singing

p. 149
1. Messi's(=Messi) not playing soccer
2. our(=us) not studying math

3. her not singing
4. Mr. Kim's(=Kim) not teaching
5. their(=them) not giving up

1. being eaten
2. being believed
3. being washed
4. being laughed at
5. being given(=receiving)
6. being used
7. being taught
8. being called

p. 150
1. washing
2. being washed
3. having washed
4. having been washed
5. loving
6. being loved
7. having loved
8. having been loved

p. 152
1. I remembered eating chicken at the restaurant.
2. We remember to meet them tomorrow.
3. stop to eat meat
4. stop eating meat

참자

― 김홍 ―

조금만 참자.

조금만 참자

조금은 힘들고

조금은 외롭지만

그래도 조금만 참자

내 젊은 날을

저 바다 작은

모래알갱이만큼 잘게 쪼개어

그 알갱이씩만 참자

아주 조금씩만

참자.

학생들이 무슨 죄가 있겠어!
영문법

2023년 6월 7일 초판인쇄
2023년 7월 1일 초판발행

글쓴이 김홍
펴낸이 신재은
펴낸곳 비욘드북스
디자인 박정미

신고번호 제2019-000031호
신고일 2019년 8월 8일
주소 경기도 하남시 조정대로 150 508호
전화 1855-0415
이메일 bbooks3129@gmail.com
정가 18,500원
ISBN 979-11-91270-24-2 13740

잘못된 책은 교환해 드립니다.
본 도서를 이용한 2차 저작물에 관련된 행위는 출판사의 허락을 받으시기 바랍니다.